Manufactured by Amazon.ca
Bolton, ON

28913850R00053

قصه‌های شب

۱۳۹۱

قصه‌های شب

مجموعه داستان کوتاه

شیوا شکوری

قصه‌های شب
شیوا شکوری
مجموعه داستان کوتاه

چاپ اول ۱۳۹۱
طرح جلد: کورش بیگ‌پور
صفحه بندی: فاطمه فراهانی

شابک ۹۷۸۱۷۸۰۸۳۱۷۱۸

تمامی حقوق برای نویسنده محفوظ است

H&S Media © 2012
info@handsmedia.com

تقدیم به آناهید
که گاه رنگین کمان است
و گاه ابر بهار.
گاه خار خون ریز است
و گاه بوی انار.
به درد جانکاه
بریده شد از ناف من
اما وصل جان را
چه کسی خواهد برید
از ناف من؟

با تشکر از دوست مهربانم خانم **شاکه داویدیان** که در شکل‌بندی ذهنی هر داستان، با صبوری و اشتیاق مرا به چالش می‌کشید و ردی از روح او در ویرایش هر داستان به چشم می‌خورد.

فهرست

سقوط فرشته ۳
سفر به تاریکی ۴۷
باغ آرزو ۷۱

قصه‌های شب

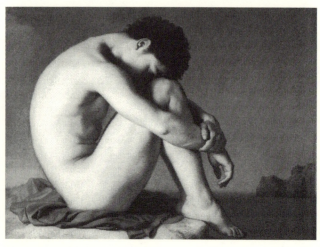

یک شب فرشته‌ای را در خواب دیدم که از دسته‌ی فرشتگان جدا ماند و به زمین افتاد. او سه بار سقوط کرد. فرشته را به خانه‌ام آوردم و از او پرستاری کردم. محو چهره‌ی بی‌حال و خون از دست داده‌ی او بودم که از خواب پریدم ولی تاثیر آن خواب تا مدت‌ها در من زنده بود. یک روز در حوالی پارک استرلی در لندن، در یک مغازه قدیمی که کتاب‌های دست دوم می‌فروخت چشمم به یک کارت پستال افتاد. در یک لحظه حس کردم این همان فرشته‌ای است که در خواب دیده‌ام. آن را خریدم و روی میز اتاقم گذاشتم و با نگاه کردن به آن داستان سقوط فرشته را نوشتم. کپی کارت پستال در بالای صفحه است. امیدوارم که داستان مرا دوست داشته باشید.

سقوط فرشته

ابرهای باردار درهم پیچیده بودند و آسمان کبود روی سطح خاکستری دریا، گوئی نشسته بود. یک دسته فرشته، مثل مرغان دریائی با هم به پرواز درآمدند؛ پوست هوا می‌لرزید. پرش نرم آنها با آن بال‌های سفید، آوا را میخکوب کرده، محو تماشای آنها شده بود که ناگهان دید یکی از فرشته‌ها با آرنجش بر زمین افتاد. او رویش را برگرداند که سقوط فرشته را نبیند. نمی‌دانست بهتر است به کلبه‌اش برود یا همانجا رو به دریا بایستد. بعد از لحظه‌ای سرش را بلند کرد. فرشته، با آن عضلات پیچیده و شانه‌های پهن، قوایش را جمع کرد و به هوا پرید، خود را به دسته‌ی فرشتگان رساند، ولی بعد از چندثانیه دوباره بر زمین افتاد. تلاش کرد که برخیزد، ولی نتوانست. دسته‌ی فرشتگان در ابرها ناپدید شدند.

آوا دید که فرشته دو دستش را توی موهای مجعدش برده و آنها را چنگ می‌زند، پاهایش به سوی شکمش جمع شده و خون از زیر

بال و کتف او بیرون می‌ریزد. آوا به طرف او دوید. چهره‌ی جوان فرشته رنگ‌پریده و لرزان بود. او دستش را زیر بازوی فرشته انداخت و کشان کشان به داخل کلبه‌اش برد. روی تخت خود خواباندش و بال شکسته‌اش را تمیز کرد. فرشته از او قیچی خواست. آوا آن را ضدعفونی کرد و به دستش داد.

فرشته پاهایش را جمع کرده، پیشانی‌اش را بر سر زانوانش گذاشت و پشتش را به آوا کرد. بعد قیچی را به او پس داد. آوا منظور او را فهمید. همچنانکه دستش می‌لرزید بال شکسته شده را برید. اشک‌های فرشته روی ران‌های لختش می‌غلطیدند. آوا قیچی را زمین گذاشت، ولی فرشته دوباره آن را به او برگرداند. آوا بال دیگرش را هم برید. آنها مثل پر طاووس نرم بودند و سبک. صدای نفس کشیدن‌های سنگین فرشته در گوش آوا می‌پیچید. نمی‌دانست چگونه او را تسلی دهد. یک آن بدن فرشته شروع کرد به تکان خوردن‌های شدید، سپس افتاد روی تخت و از هوش رفت.

آوا جای زخم بال‌ها را با ضماد شاه‌پسند که خودش درست کرده بود، مرحم نهاد و یک پارچ شیروعسل کنار تخت گذاشت. یادش آمد که مادربزرگش گفته بود: «رنگ سبز و آبی رنگ شفاست و زخم را زودتر خوب می‌کند.» فوری رفت و یک ملافه سبز لاجوردی از گنجه آورد و روی او را پوشاند. بال‌های بریده را به آشپزخانه برد و آنها را با احترام در یک پارچه‌ی تمیز ابریشمی پیچید. بوی چوب صندل از بال‌ها برخاست. او بسته را ته یکی از قفسه‌ها، در میان شمع و عود پنهان کرد، سپس از پنجره‌ی آشپزخانه به غروب دریا نگریست. خورشید در ابرهای خاکستری تیره پخش شده و مه غلیظی خط بین آسمان و دریا را پوشانده بود. موجی بر

موج دیگر می‌غلطید و کف‌های سفید در هم می‌خروشیدند. برقی به شکل ریشه‌ی یک درخت، آسمان را شکافت و ثانیه‌ای بعد صدای تندر کلبه را لرزاند. صدای جاری شدن باران بر سقف مثل ریختن دوش آب بر تن بود. او به اتاق برگشت. فرشته در خواب عمیقی فرو رفته بود و آرام نفس می‌کشید. در آن فضای تاریک و روشن، آوا با دقت به صورت او نگاه کرد. ابروهایش تیره و کشیده و مژه‌های بلندش هنوز از اشک خیس بودند. پیشانی نسبتاً فراخی با گونه‌های برآمده داشت و لب‌های محکم مردانه، دو گوش ظریف و یک بینی باریک. آوا که از نگاه کردن به او سیر نمی‌شد، آهسته به آشپزخانه خزید و دو صندلی موجود در آن را به هم چسباند و روی آن دراز کشید. خودش را به سکوت کلبه و آهنگ باران سپرد. چشمانش را بست. نفهمید که چه مدت گذشت، فقط متوجه شد که فرشته‌ی بی بال، جلوی او ایستاده است و او را می‌نگرد.

آوا لبخندی زد و احساس آرامشی بر وجودش نشست. از او پرسید: اسم تو چیست؟

فرشته گفت: خودم هم نمی‌دانم. ولی یک روز که آن را بیاد آوردم به تو خواهم گفت.

آوا گفت: تو کی هستی؟ اینجا چه می‌کنی؟

فرشته گفت: من در رویای آدم‌ها زندگی می‌کنم و با رویاهای آنها نفس می‌کشم.

آوا بعد از مکث کوتاهی از فرشته پرسید: چرا دوستان فرشته‌ات وقتی که زمین خوردی به تو کمک نکردند و رفتند؟

فرشته خنده‌ی کوتاهی کرد و گفت: قوانین بین فرشته‌ها با آدم‌ها

متفاوت است. اگر یکی از ما مشکلی پیدا کند، باید از توانایی‌های خودش کمک بگیرد.

آوا گفت: و اگر به اندازه‌ی کافی توانمند نبود، چه؟

فرشته گفت: آنقدر سرگردان می‌ماند تا درس‌های لازم برای توانمند شدن را یاد بگیرد. در دنیای ما جائی برای ضعیف نیست.

آوا گفت: دلم می‌خواهد بدانم تو چه درسی را نگرفته‌ای که باعث زمین خوردن و شکسته شدن بالت شد.

فرشته یک لحظه سکوت کرد و گفت: من باید آنقدر در دنیای زمینی آدم‌ها زندگی کنم تا معنای عشق را بفهمم. آنگاه بال‌هایم دوباره به من داده می‌شوند و می‌توانم به جایگاهی که به آن تعلق داشتم، برگردم.

آوا گفت: ولی تو گفتی که در رویای آدم‌ها زندگی می‌کنی.

فرشته لب‌هایش را به هم فشرد و نگاهش را به پنجره دوخت. چشمانش پر از اشک شدند، ولی آن‌ها را از ریختن بازداشت و گفت: تا زمانی که بال‌هایم را نیابم، من دیگر در رویای هیچ آدمی ظاهر نخواهم شد.

آوا ساکت شد و به فکر فرو رفت. احساس کرد که فرشته خود را تبعید شده می‌بیند. سرش را بلند کرد و گفت: این اولین بار است که از دنیای رویا به دنیای زمینی رانده شده‌ای؟ می‌ترسی که بمیری؟

فرشته با لبخند ملایمی گفت: مرگ و زمان در زندگی آدم‌هاست که معنی می‌دهد. موجوداتی که در رویا زندگی می‌کنند از بعد دیگری هستند. ما هم مثل شما انسان‌ها لایه‌های مختلف داریم، ولی

نه به پیچیدگی شما، زیرا که دنیای ما در قید زمان و مکان نیست. برای ما گذشته و آینده بی‌معناست. ما در همه‌ی زمان‌ها سیر می‌کنیم و در اشکال گوناگون در رویای آدم‌ها ظاهر می‌شویم.

آوا گفت: رابطه‌ی شما با آدم‌ها چه جور رابطه‌ای است؟

فرشته گفت: اگر نیروی ذهنی آدم‌ها نبود ما هم نبودیم.

آوا گفت: ولی ما آدم‌ها هم انرژی‌های خوب و روشن داریم و هم انرژی‌های بد و تاریک.

فرشته سرش را تکانی داد و گفت: قوانین دنیای ما خوب و بد ندارد. هر عملی برای خود دلیلی دارد که باید انجام شود. نیروهای روشن بدون نیروهای تاریک نمی‌توانند زنده بمانند. آنها به هم محتاجند و هر دو به اندازه‌ی هم ارزش دارند. آدم‌ها بدون آنکه بدانند از نیروهای تاریک خیلی بیشتر استفاده می‌کنند، ولی باور دارند که در راه روشنائی گام می‌زنند! آدم‌ها به راحتی نمی‌توانند معنی توازن و بالانس انرژی را درک کنند و بکار بردن این توازن در زندگی احتیاج به تمرین زیادی دارد.

آوا به او خیره شد و پیش خودش فکر کرد که چرا همیشه باور داشت فرشته‌ها از نور هستند و فقط شیطان بود که از نور بود و کارهای سیاه می‌کرد.

فرشته که فکر او را خوانده بود، گفت: از همان انرژیی که آدم‌ها ساخته شده‌اند ما هم ساخته شده‌ایم. همانطور که تمام گیاهان، جانوران و کهکشانها هم ساخته شده‌اند. فقط در شکل‌های متفاوت با توانائی‌های متفاوت و همه‌ی ما به شکلی هوشمند هستیم.

سکوتی بین آنها برقرار شد. بعد از چند دقیقه فرشته گفت: من

باید بروم. متشکرم که به من کمک کردی.

آوا گفت: کی برمی‌گردی؟

فرشته گفت: یک روز، نه خیلی دیر. مواظب بال‌هایم باش.

از ذهن آوا گذشت که فرشته چه سفر دردناکی را باید طی کند، ولی این بار جلوی فکرش را با یک پرده‌ی سیاه گرفت تا فرشته نتواند آن را بخواند.

در این لحظه آوا چشمانش را گشود. کلبه در سکوت فرو رفته بود. باران ایستاده و ماه درشت در قاب پنجره نمایان بود. برش‌های نازک مهتاب از لابلای ابرهای صاف و نازک، برکف چوبی آشپزخانه می‌تابیدند. آوا بلند شد، شمعی افروخت و به ساعت بالای در نگاهی افکند؛ سه صبح بود. آهسته از لای در به اتاق خواب نگاهی انداخت. متوجه شد که پارچ شیر و عسل کنار تخت خالی شده، ولی نتوانست در آن تاریکی چیز بیشتری ببیند. به آشپزخانه برگشت و پنجره را باز کرد، سپس سرش را از پنجره بیرون آورد و به دریا خیره شد. صدای سیرسیرک‌ها و سرخوردن موج‌ها از روی یکدیگر گوشش را نوازش می‌داد. بوی نمک و ماسه و مرجان توی بینی‌اش می‌پیچید. بازی ماه و آب را دنبال کرد. قایق کوچک نقره‌ایی روی آب‌ها در نوسان بود. سایه‌ای، شبح‌وار در آن تکان می‌خورد، ولی او نتوانست آن را واضح ببیند. حرف‌های فرشته توی فکرش رژه می‌رفتند؛ به سفر او اندیشید و تجربه‌ای که تنها متعلق به او بود.

سپس پنجره را بست و برای خودش چای دم کرد.

*

آفتاب کمرنگی کلبه را پوشانده بود. آوا چشمانش را گشود و دردی در گردنش حس کرد. برخاست و شتابان به اتاق رفت تا حالی از فرشته بپرسد. نگاهش روی تخت خالی سر خورد. به سوی در کلبه دوید و قفل آن را باز کرد. بیرون را نگریست، هیچ اثری از فرشته نبود. به طرف ساحل دوید و پیش خودش فکر کرد، شاید فرشته رفته تا هوایی تازه کند، ولی تا چشمش کار می‌کرد آبی دریا بود و شن‌های براق با گوش‌ماهی‌های زبر. توی دلش چنگ می‌خورد، صورتش سرخ شده بود و لرزش خفیفی در پاهایش می‌چرخید. ناامید شد و به کلبه برگشت. تخت را مرتب کرد. ملافه سبز لاجوردی را جلوی بینی‌اش گرفت. بوی چوب صندل مشامش را پر کرد. آن را تا کرد و با احترام در پارچه‌ای که بال‌ها را گذاشته بود جای داد. ناگهان به ذهنش آمد که فرشته چگونه از در خارج شده بود؟ چون کلید در، توی جیب بلوزش بود! چرا فرشته بی هیچ کلامی رفته بود؟ ولی یاد خداحافظی او در رویایش افتاد. به خودش دلداری داد و حسی به او گفت که آن قایق نقره‌ای مال او بوده. دلش گرفت و به خود گفت: کاش او را در آغوش گرفته بودم.

آوا سبد بزرگ حصیری‌اش را برداشت و به طرف مرکز ماهیگیران رفت. در آنجا نیم‌ساعتی بدون هیچ حرکتی ایستاد. کت‌های پلاستیکی و چکمه‌های سیاه مردان ماهیگیر و سپس قایق‌های کوچک را که با ماهی‌های صیدشده به ساحل نزدیک می‌شدند، از لابلای خاکستری صبحگاهی دنبال کرد. بعضی از مردان ماهی‌فروش با سبدهای پر از ماهی به آوا سری تکان می‌دادند و زیر لب، سلامی. ولی او غرق تماشا، انگار اولین بار بود که تکاپو و هیجان ماهیگیران را می‌دید. صدای بلند و زمخت یکی از ماهیگیران او را به خود آورد.

آوا خانم ماهی نمی‌خوای؟

آوا تکانی خورد و گفت: چرا.

مرد سبد او را گرفت و پر از ماهی‌های تازه از آب گرفته کرد.

آوا به مرکز شهر رفت.

جای همیشگی خود، گوشه‌ی چپ میدان مربع شکل بازار، نشست و سبد ماهی‌هایش را پهن کرد. آن روز زودتر از همیشه ماهی‌هایش به فروش رفتند. در راه برگشت به کلبه یک دسته سبزی خوشبو و کمی برنج خرید. پیش خود فکر کرد بهتر است یک کاسه سوپ درست کند، شاید فرشته حالش خوب نباشد، آنگاه برخواهد گشت و لااقل سوپ آماده است. آن روز با زن‌های دیگر که هر یک چیزی در بازار می‌فروختند حرفی نزد. حتی سرمه خانم با آن چشم‌های سیاه‌کرده‌اش به او گفت: که چند مرغانه‌ی درشت برایش کنار گذاشته، ولی او جوابش را نداد چون می‌دانست که اگر پیش او برود باید حداقل یک ساعتی را به گلایه‌های او از مادرشوهرش گوش کند. حتی دلش نخواست که مثل همیشه با زنان سبزی‌فروش سر ساعت یازده چای بخورد. توی خودش بود. امروز دنیا را جور دیگری می‌دید. دیگر برایش مهم نبود که سه سال پیش چه روزهای مصیبت‌باری بر او گذشته. حتی دیگر به زخم عمیقی که از بودن شوهرش با همسر دیگرش در رختخواب خورده بود، فکر نمی‌کرد. خودش هم نمی‌دانست چه اتفاقی افتاده است، فقط همین‌قدر می‌دانست که چیزی در سطح درونی او جابه‌جا شده است.

*

آوا نگاهش را به چشمان فرشته دوخت و گفت: چیزی در نگاه تو تغییر کرده است. انگار رنج قلب‌های عاشق بسیاری را با خود حمل کرده‌ای و با چشمان آنها گریسته‌ای؟

فرشته سری تکان داد و گفت: همینطور است. عشق، چیز عجیبی است. مثل دردی شیرین است. اگر نیروی امید نبود، عشق خیلی دردناک بود.

آوا مروری به تجربیات خودش کرد و باور او را تائید کرد. سپس به فرشته گفت: من آرزو کردم که تو را امروز ببینم.

فرشته لبخندی زد و گفت: آرزویت به گوش من رسید، ولی مواظب آرزوهائی که می کنی باش.

آوا سرش را تکانی داد و با شوقی نهفته در صدایش گفت: می‌گویند که دنیا بر اساس عشق به وجود آمده و عشق یعنی معنا و شفای زندگی.

فرشته نگاه عمیقی به آوا انداخت و گفت: من از سوی تاریک عشق می‌آیم. از آن سو که عشق، حسادت و مالکیت، خشم و کشتار می‌آفرینند.

پشت آوا تیر کشید، به روی خودش نیاورد و گفت: حالا چرا از سوی تاریک؟

فرشته گفت: توازن یعنی هردوسوی چیزی را تجربه کردن. برای شناختن عشق در زمین، باید هر دوسوی آن را تجربه کرد. من اول سوی تاریک را بر گزیدم.

آوا گفت: آن بخش تاریک عشق دیر یا زود به سراغ ما می‌آید.

شاید هم چون در آن واحد قدرت دیدن هر دوسو را نداریم، تصور می‌کنیم که خودمان آن را انتخاب نکرده‌ایم، بلکه بلائی بر سر عشقمان آمده و آن همه شیرینی را پوچ کرده و رفته.

فرشته لبخند ملایمی زد و گفت: چیزهائی که در وسعت نگاه نمی‌گنجند، همانی می‌شوند که تو به آن تاریکی می‌گوئی. دیدن تاریکی آگاهی و تجربه می‌خواهد، سپس به روشنائی آوردنشان آسان است.

آوا گفت: ما وقتی که عاشقیم دنیا را طور دیگری می‌بینیم. واژه‌هائی که از ذهن ما می‌گذرند از زبان روح بیان می‌شوند و بار محبت و بخشندگی دارند. ما در قلب یکدیگر نفس می‌کشیم. نرمی سر خوردن یک قطره آب روی برگ را حس می‌کنیم. با حرکت باد درمیان امواج، لطیف می‌شویم و با دیدن نقش نور در پوست یک ماهی، حساس. ما به خدا نزدیک می‌شویم. آوا سکوت کرد و بعد از چندثانیه گفت: ما انسان‌ها می‌دانیم که نمی‌توانیم همیشه در بستر عشق بمانیم، ولی به آن احتیاج داریم. آوا که متوجه لرزش صدایش بود، ساکت شد. دهانش خشک شده بود و لب‌هایش می‌سوختند.

فرشته که با دقت گوش می‌داد، نفس عمیقی کشید و به گل‌های شاه‌پسند دوبافته‌ی آوا اشاره کرد و گفت: بوی آنها را دوست دارم. سپس چشمش روی شمع‌های روشن مکث کرد. او به طرف اتاق رفت و روی تخت دراز کشید و آوا ملافه‌ی سبز و آبی را روی او انداخت.

فرشته گفت: برایم آواز می‌خوانی؟ فکر کن برای گل‌های روی موهایت می‌خوانی.

از نظرش می‌گذرد آن روزی که با اولین مرد زندگیش زیر درختی پر شکوفه در حیاط خانه‌ی مادر او نشسته بود. مردش اشاره به درخت می‌کند و می‌گوید: ظریف‌ترین و زیباترین شکوفه‌ی دنیا، شکوفه‌ی آلبالوست. او که هفده‌ساله است، به درخت می‌نگرد و در دلش توجه او به زیبائی را تحسین می‌کند. به خود گفت: چرا هرگز به فکرش خطور نکرده بود که مردش غیر از آن شهر کوچکی که در آن می‌زیست و آن باغچه‌ی خانه‌ی مادرش جائی را ندیده بود ولی در چشم او همین‌ها معنای دنیا را می‌داد.

✳

یک سالی گذشت. آوا می‌دانست که دقیقاً سه شهریور یک سال پیش فرشته را به کلبه‌ی خود آورده بود. آن روز به بازار ماهیگیران نرفت. سر تا پای کلبه را روفت و تمیز کرد. در اتاق و آشپزخانه شمع روشن کرد و بسته‌ی بال‌ها و ملافه را بیرون آورد. بی‌اختیار بال‌ها را نوازش کرد و ملافه را بوئید. یک پارچ شیر و عسل کنار تخت گذاشت. سپس خود را با آب گرم و سدر شست. بهترین لباسش را پوشید. به چشمان تیره و بادامیش سرمه کشید. تارهای سفید بین موهای سیاهش را در لابلای دو بافته‌اش پنهان کرد و به انتهای هر کدام یک خوشه‌ی گل شاهپسند آویخت. دستش را روی پوست آفتاب‌سوخته صورتش لغزاند. زبر و خشن بودند. در آینه خیره شد. دور لب‌های کلفتش دو چین عمیق افتاده بود. به نظرش رسید که به چهل‌ساله‌ها نمی‌آید. بلند شد و کلبه را با کندر و دارچین دود داد. بوی خوشی در فضا پیچید. سپس روی صندلی نشست و به دریا خیره شد. پیش خود اندیشید که اگر فرشته بیاید چه به او بگوید. اول تصمیم گرفت که تمام قصه‌ی زندگیش را

بگوید ولی یک لحظه بعد فکر کرد، نه، بهتر است از فرشته بخواهد که او قصه‌ی یک ساله‌اش در زمین را بگوید. اگر بیاید در آغوشش می‌کشم. نه شاید بهتر است چیزی به روی خودم نیاورم....

آسمان آبی بود و دریا آرام. آفتاب ملایمی برسطح شفاف آب می‌تابید. آوا کتری را سر چراغ گذاشت. نگاهی به دو گلدانش کرد. به آنها گفت: شما فکر می‌کنید فرشته امروز می‌آید؟ اصلاً او مرا به یاد دارد؟ شعمدانی با آن گلبرگ‌های نارنجی تند، ساکت بود و شاهپسند با انبوه گلبرگ‌های ریز صورتی چرک به او می‌نگریست. آوا چشمانش را بست و دو انگشتنش را روی برگ‌های براق شمعدانی لغزاند. حسی در قلبش دوید. آری. فرشته امروز میاید ولی نه به آن شکلی که تو انتظارش را می‌کشی. در این هنگام سر و صدایی غیر معمول توجه آوا را به خود جلب کرد. چشمانش را گشود و دید که گنجشک کوچکی از درز پنجره وارد آشپرخانه شده. خودش را هراسان به شیشه می‌کوبد. او فوری پنجره را بیشتر باز کرد و گنجشک به سرعت خارج شد. سپس آوا یک مشت نان ریز شده پشت پنجره ریخت و بعد روی صندلی نشست و با لبخند آهی کشید. در این لحظه چشمش به یک پر کوچک سفید بر لبه‌ی چوبی پنجره افتاد. پر را برداشت. آن را با گونه‌اش نوازش داد. به نرمی پر فرشته بود. بوی ملایم چوب صندل به مشام آوا رسید. حضور فرشته را حس کرد. تپش قلبش تند شد. احساس کرد که سرش گیج می‌رود. چشمانش را بست. فرشته ظاهر شد. همچنان جوان و زیبا. ولی چشمانش شاد نبودند.

آوا گفت: چرا غمگینی؟

فرشته لبخندی زد و گفت: کمی خسته‌ام.

روزها یکی پس از دیگری می‌گذشتند. آوا هر روز سبدی ماهی از ماهیگیران می‌خرید و در بازار شهر می‌فروخت. دیگر کمتر با کسی حرف می‌زد و هر وقت که خیلی احساس تنهایی می‌کرد به کنار دریا می‌رفت، به نقطه‌ی پرواز فرشته‌ها چشم می‌دوخت و وقتی در کلبه بود بیشتر وقتش را با دو گلدانش می‌گذراند. یک شمعدانی نارنجی و یک شاهپسند بنفش و صورتی. برگ‌های شمعدانی را تمیز می‌کرد و به برگ‌های خاردار شاهپسند آب می‌پاشید. گاهی هم گوش‌ماهی‌های تازه روی خاکشان می‌چید و برایشان آواز می‌خواند یا با آنها حرف می‌زد.

سرمه‌خانم به زنان دیگر بازار گفته بود: آوا عاشق شده. زبونش دروغ می‌گه، ولی چشماش دروغ نمی‌گن.

این زمزمه‌ها از گوش و کنار به گوش آوا می‌رسید، ولی هیچکس نمی‌دانست که معشوق او کیست.

یک روز که آوا خیلی دلش گرفته بود، نزدیک غروب، همان ساعتی که فرشته‌ها را دیده بود، لب دریا رفت و در نقطه‌ی سقوط فرشته نشست. سرش را روی زانوانش گذاشت و دلتنگی‌اش را با صدای بلند گریست. مرد جوان ماهیگیری که از آنجا رد می‌شد به طرف او آمد و گفت: آوا خانم، اینقدر به خودت سخت نگیر، انگار دنیا به آخر رسیده.

آوا سرش را بلند کرد و مراد را شناخت. صورتش را با سر آستینش پاک کرد و دو موی بافته‌اش را به پشتش انداخت. سپس بی آنکه جوابی به او بدهد بلند شد و دامن چین‌دارش را روی شن‌ها کشید و به طرف کلبه‌اش رفت.

قصه‌ی مرموز عشق آوا بین همه‌ی ماهیگیرها و زن‌های فروشنده‌ی بازار پیچیده بود، ولی هیچ‌کس به خود اجازه نمی‌داد که چیزی از او بپرسد. مردان ماهیگیر رعایت حالش را می‌کردند و دورادور مراقب او بودند.

این روزها جزئیاتی از خاطرات گذشته و کودکی‌اش جلوی چشم او می‌آمدند و چیزهائی را به یاد می‌آورد که برای خودش هم تازگی داشت. نگاهی که به خاطراتش می‌کرد، دیگر آن نگاه همیشگی آوا نبود که خاطرات گذشته او را در بند خود می‌کشیدند و لحظه‌های لذت‌بخش امروز را از او می‌دزدیدند. گوئی یک آوای جدید به خاطرات یک آوای آشنا در زمان‌های دور می‌نگرد.

یادش آمد که چهارساله است و کنار باغچه دو زانو نشسته. او گلبرگ‌های زرد آفتاب‌گردان را با آب دهانش خیس کرده، پشت چشمانش می‌چسباند و ناخن‌های کوچکش را با گلبرگ‌های قرمز شمعدانی می‌پوشاند. او بی‌حرکت منتظر آمدن پدرش است، چون نمی‌خواهد قبل از آمدن او گلبرگ‌ها از صورت و ناخن‌هایش سر بخورند. سپس پدرش از راه می‌رسد و او را لب باغچه پیدا می‌کند. به آوا می‌خندد و زیبائی شاهزاده‌وارش را با بوسه‌ای بر موهایش تحسین می‌کند.

آوا برای پدری که در کودکی‌اش می‌شناخت، احساس دلتنگی کرد. به طرف گنجه رفت و آلبوم عکس‌ها را درآورد. یک عکس جوانی پدرش را پیدا کرد و روی آینه بزرگ راهرو گذاشت. سپس برگشت توی آشپزخانه و یک قابلمه کوچک آب و شکر سر چراغ گذاشت تا بجوشد. در این فاصله یک پیاله آلبالو از یخچال درآورد و شروع کرد به خالی کردن هسته‌های آن.

قصه‌ی مرموز عشق آوا بین همه‌ی ماهیگیرها و زن‌های فروشنده‌ی بازار پیچیده بود، ولی هیچ‌کس به خود اجازه نمی‌داد که چیزی از او بپرسد. مردان ماهیگیر رعایت حالش را می‌کردند و دورادور مراقب او بودند.

این روزها جزئیاتی از خاطرات گذشته و کودکی‌اش جلوی چشم او می‌آمدند و چیزهائی را به یاد می‌آورد که برای خودش هم تازگی داشت. نگاهی که به خاطراتش می‌کرد، دیگر آن نگاه همیشگی آوا نبود که خاطرات گذشته او را در بند خود می‌کشیدند و لحظه‌های لذت‌بخش امروز را از او می‌دزدیدند. گوئی یک آوای جدید به خاطرات یک آوای آشنا در زمان‌های دور می‌نگرد.

یادش آمد که چهارساله است و کنار باغچه دو زانو نشسته. او گلبرگ‌های زرد آفتاب‌گردان را با آب دهانش خیس کرده، پشت چشمانش می‌چسباند و ناخن‌های کوچکش را با گلبرگ‌های قرمز شمعدانی می‌پوشاند. او بی‌حرکت منتظر آمدن پدرش است، چون نمی‌خواهد قبل از آمدن او گلبرگ‌ها از صورت و ناخن‌هایش سر بخورند. سپس پدرش از راه می‌رسد و او را لب باغچه پیدا می‌کند. به آوا می‌خندد و زیبائی شاهزاده‌وارش را با بوسه‌ای بر موهایش تحسین می‌کند.

آوا برای پدری که در کودکی‌اش می‌شناخت، احساس دلتنگی کرد. به طرف گنجه رفت و آلبوم عکس‌ها را درآورد. یک عکس جوانی پدرش را پیدا کرد و روی آینه بزرگ راهرو گذاشت. سپس برگشت توی آشپزخانه و یک قابلمه کوچک آب و شکر سر چراغ گذاشت تا بجوشد. در این فاصله یک پیاله آلبالو از یخچال درآورد و شروع کرد به خالی کردن هسته‌های آن.

بگوید ولی یک لحظه بعد فکر کرد، نه، بهتر است از فرشته بخواهد که او قصه‌ی یک ساله‌اش در زمین را بگوید. اگر بیاید در آغوشش می‌کشم. نه شاید بهتر است چیزی به روی خودم نیاورم....

آسمان آبی بود و دریا آرام. آفتاب ملایمی برسطح شفاف آب می‌تابید. آوا کتری را سر چراغ گذاشت. نگاهی به دو گلدانش کرد. به آنها گفت: شما فکر می‌کنید فرشته امروز می‌آید؟ اصلاً او مرا به یاد دارد؟ شعمدانی با آن گلبرگ‌های نارنجی تند، ساکت بود و شاهپسند با انبوه گلبرگ‌های ریز صورتی چرک به او می‌نگریست. آوا چشمانش را بست و دو انگشتنش را روی برگ‌های براق شمعدانی لغزاند. حسی در قلبش دوید. آری. فرشته امروز میاید ولی نه به آن شکلی که تو انتظارش را می‌کشی. در این هنگام سر و صدایی غیر معمول توجه آوا را به خود جلب کرد. چشمانش را گشود و دید که گنجشک کوچکی از درز پنجره وارد آشپرخانه شده. خودش را هراسان به شیشه می‌کوبد. او فوری پنجره را بیشتر باز کرد و گنجشک به سرعت خارج شد. سپس آوا یک مشت نان ریز شده پشت پنجره ریخت و بعد روی صندلی نشست و با لبخند آهی کشید. در این لحظه چشمش به یک پر کوچک سفید بر لبه‌ی چوبی پنجره افتاد. پر را برداشت. آن را با گونه‌اش نوازش داد. به نرمی پر فرشته بود. بوی ملایم چوب صندل به مشام آوا رسید. حضور فرشته را حس کرد. تپش قلبش تند شد. احساس کرد که سرش گیج می‌رود. چشمانش را بست. فرشته ظاهر شد. همچنان جوان و زیبا. ولی چشمانش شاد نبودند.

آوا گفت: چرا غمگینی؟

فرشته لبخندی زد و گفت: کمی خسته‌ام.

آوا نگاهش را به چشمان فرشته دوخت و گفت: چیزی در نگاه تو تغییر کرده است. انگار رنج قلب‌های عاشق بسیاری را با خود حمل کرده‌ای و با چشمان آنها گریسته‌ای؟

فرشته سری تکان داد و گفت: همینطور است. عشق، چیز عجیبی است. مثل دردی شیرین است. اگر نیروی امید نبود، عشق خیلی دردناک بود.

آوا مروری به تجربیات خودش کرد و باور او را تائید کرد. سپس به فرشته گفت: من آرزو کردم که تو را امروز ببینم.

فرشته لبخندی زد و گفت: آرزویت به گوش من رسید، ولی مواظب آرزوهائی که می‌کنی باش.

آوا سرش را تکانی داد و با شوقی نهفته در صدایش گفت: می‌گویند که دنیا بر اساس عشق به وجود آمده و عشق یعنی معنا و شفای زندگی.

فرشته نگاه عمیقی به آوا انداخت و گفت: من از سوی تاریک عشق می‌آیم. از آن سو که عشق، حسادت و مالکیت، خشم و کشتار می‌آفریند.

پشت آوا تیر کشید، به روی خودش نیاورد و گفت: حالا چرا از سوی تاریک؟

فرشته گفت: توازن یعنی هردوسوی چیزی را تجربه کردن. برای شناختن عشق در زمین، باید هر دوسوی آن را تجربه کرد. من اول سوی تاریک را برگزیدم.

آوا گفت: آن بخش تاریک عشق دیر یا زود به سراغ ما می‌آید.

شاید هم چون در آن واحد قدرت دیدن هر دوسو را نداریم، تصور می‌کنیم که خودمان آن را انتخاب نکرده‌ایم، بلکه بلائی بر سر عشقمان آمده و آن همه شیرینی را پوچ کرده و رفته.

فرشته لبخند ملایمی زد و گفت: چیزهائی که در وسعت نگاه نمی‌گنجند، همانی می‌شوند که تو به آن تاریکی می‌گوئی. دیدن تاریکی آگاهی و تجربه می‌خواهد، سپس به روشنائی آوردنشان آسان است.

آوا گفت: ما وقتی که عاشقیم دنیا را طور دیگری می‌بینیم. واژه‌هائی که از ذهن ما می‌گذرند از زبان روح بیان می‌شوند و بار محبت و بخشندگی دارند. ما در قلب یکدیگر نفس می‌کشیم. نرمی سر خوردن یک قطره آب روی برگ را حس می‌کنیم. با حرکت باد درمیان امواج، لطیف می‌شویم و با دیدن نقش نور در پوست یک ماهی، حساس. ما به خدا نزدیک می‌شویم. آوا سکوت کرد و بعد از چندثانیه گفت: ما انسان‌ها می‌دانیم که نمی‌توانیم همیشه در بستر عشق بمانیم، ولی به آن احتیاج داریم. آوا که متوجه لرزش صدایش بود، ساکت شد. دهانش خشک شده بود و لب‌هایش می‌سوختند.

فرشته که با دقت گوش می‌داد، نفس عمیقی کشید و به گل‌های شاه‌پسند دوبافته‌ی آوا اشاره کرد و گفت: بوی آنها را دوست دارم. سپس چشمش روی شمع‌های روشن مکث کرد. او به طرف اتاق رفت و روی تخت دراز کشید و آوا ملافه‌ی سبز و آبی را روی او انداخت.

فرشته گفت: برایم آواز می‌خوانی؟ فکر کن برای گل‌های روی موهایت می‌خوانی.

آوا لبخندی زد و شروع کرد به آواز خواندن.

سرزمینم سرزمینم کت کت انو نشینم
چی کویا با زخمی اما سر و بالا

چی دنا افتاو بیر بر کو و يارو
چمچمون گهر بسپار و خاطر شر بارو

چی گری طاقت بیار برف نسارو
چی کور بو و پناه بچه میارو

سرزمینم سرزمینم چی بلی کت کت انوه نشینم
چومت رون ده شوگار تش تژگاه هونیا ژار

سا خس شکتی گایار ،ترم رهیا دیر بیمار
لیز گرم مل زخمی ده زمسو

رم رم رامشگرونه سینه برگ و پنجه بارو
سرزمینم دار صدجا بره سم هم میکه وانو[1]

فرشته خوابش برد.

آوا نرم و آهسته خود را به آشپزخانه رساند. ساعت سه بعد از ظهر بود. احساس کرد که چقدر دلش می‌خواهد فرشته را در

۱ این شعر لری و ترجمه آن از سایت «زاگرس زیباترین زیباهاست» گرفته شده است. سرزمینم سرزمینم قطعه قطعه اندوه نشینم/ مانند کوهها باش زخمی اما سربلند/ مانند دنا آفتاب را بگیر و بین یاران قسمت کن/ مثل گهر به خاطر بسپار شرشر باران را / مانند گرین تحمل کن برف نسار(دامنه کوه که آفتاب نمی تابد) را / مانند کبیرکوه پناه زنان نازا شو/ سرزمینم سرزمینم مانند بلوط باش قطعه قطعه اندوه نشینم/ مشعل مسافر شب،آتش آتشگاه خانه فقیران/ سایه ای برای خستگی مرد شخم زن،تابوت راههای دور و بیمار/ یار قدیمی سفره خالی و سال بدون بارندگی/ پناه گرم پرنده زخمی در زمستان/ صدای(رم رم) رامشگر سینه برگ و پنجه باران/ سرزمینم درخت از صد جا بریده ام دوباره رشد خواهد کرد/ باد روزگاران در بلندای افق بر او خواهد وزید

آغوش بکشد، نگاهی به شمعدانی کرد و به ذهنش آمد که اگر او را لمس کند به سوی تاریک عشق کشیده خواهد شد.

آوا دستی بر بافته‌ی بلندش کشید و متوجه شد که یکی از خوشه‌های شاه‌پسند از مویش جدا شده. به دنبال آن روی قفسه‌ها، زیر صندلی و لبه پنجره را گشت ولی آن را نیافت. آهسته خزید توی اتاق. پارچ شیروعسل خالی و ملافه روی تخت رها شده بود. تنها بوی ملایم صندل در اتاق موج می‌زد. آوا صورتش را در ملافه فرو برد و با صدای بلند گریست. خودش هم نمی‌دانست که چرا می‌گرید، فقط همین قدر می‌دانست که حتی نام فرشته را نپرسیده بود. به حرف‌های فرشته فکر کرد و یادش آمد که او خیلی بیشتر از او حرف زده بود. بدون آنکه از فرشته پرسیده باشد که بر او چه گذشته. از خودش ناامید شد و به آشپزخانه برگشت. پر کوچک سفید را که روی زمین افتاده بود، برداشت. آن را با دقت و احتیاط به نخ شفاف کشید و به گردنش آویخت. بعد همه چیز را مرتب کرد و سر جای اولش برگرداند. برای خود یک فنجان چای بهارنارنج ریخت. یک گل خشک بهار نارنج از صافی قوری گذشت و توی فنجان افتاد. آوا به یاد فرشته افتاد که بوی شاه‌پسند آویخته به موهای او را دوست داشت. نگاهی به دو بافته رها شده روی سینه بزرگش انداخت و لبخندی به لبانش نشست. طعم چای تغییر کرده بود.

٭

روزهای باد و بارانی پائیز گذشتند و زمستان آمد. یک بعد از ظهر، آوا سوار مینی‌بوس شد بی‌آنکه بپرسد مقصد آن کجاست. بخار پنجره را با سر آستینش پاک کرد و به باران ریزی که می‌بارید خیره شد. جاده خلوت بود و درختان بی‌برگ. احساس کرد که

چقدر تنهاست. دلش برای گرمی دست مردانه‌ای که نوازشش کند تنگ شده بود. دلش خواست که کسی در خانه منتظر آمدنش باشد و قلبی برای او بتپد. نگاهی به مسافران انداخت. نصف اتوبوس پر بود از مردان و زنان با لباس‌های محلی یا شهری. ولی او از همه‌ی آنها دور بود. به دستانش خیره شد؛ کلفت و قرمز بودند و دور ناخن‌هایش ریشه ریشه، پوستش دیگر آن نرمی سابق را نداشت. سرش را رو به آسمان ابری کرد و به خود گفت: دل من هم مثل توست. ولی من نمی‌توانم مثل تو راحت ببارم. به یادش افتاد که فرشته خوشه‌ی شاه‌پسند بافته‌ی او را با خود برده بود. اندیشید: او همیشه جوان و زیباست، ولی من هر روز پیر می‌شوم. من چگونه می‌توانم به چیزی فکر کنم که دست نیافتنی است؟ ولی می‌دانست که نمی‌تواند جلوی رویاهایش را بگیرد. دوست نداشت به حرف‌های توی سرش گوش دهد، اما قدرت ساکت کردن آن را هم در خود ندید. صدا می‌گفت: آیا قسمت تو از به حقیقت پیوستن رویایت این است که تنها سالی یک بار فرشته را ملاقات کنی؟ به حماقت خودت باید بخندی....

آوا که سرش درد گرفته بود با ترمز مینی‌بوس از آن پیاده شد. در چند قدمی‌اش سر جاده روی تابلو نوشته بود به ده «نی رنگ» خوش آمدید. از اسم آن خوشش آمد. به ذهنش آمد که این نام دو معنی دارد. هم می‌تواند تداعی آوای زیبای نی باشد و هم به معنای حقه و کلک. یادش آمد که فرشته گفته بود عشق دو سو دارد.

باد سردی توی صورتش خورد. وارد خیابانی پر از گل و آب شد و از کوچه پس کوچه‌های باریک گذشت. جوی پر آبی را دید و تکه چوب سرگردانی در آن. به درختان بی‌برگ و افراشته در دو

طرف کوچه نگریست. بوی خاك و آب بینی‌اش را پر کرد. بوتهای پلاستیکی‌اش از گل سنگین شده بودند، ولی او را از دنبال کردن تکه چوب باز نمی‌داشتند. نفهمید که چه مدت زیر آن باران ریز و تند راه رفت. چشمش به کودکی افتاد که با کفش‌های پلاستیکی آبی زیر باران می‌دوید و مادرش جیغ زنان بلوز خیس قرمز او را می‌کشید و به داخل خانه هلش می‌داد. توی دلش گفت: کاش این بچه من بود.

جوی وارد باغی شد که دیوار چینه‌ای بلندی مانع از دنبال کردن تکه چوب می‌شد. آوا ایستاد. موهای خیسش را از توی صورتش جمع کرد. آب از گوش‌هایش روان بود. سرما را حس نمی‌کرد، ولی می‌دانست که دیگر جای رفتن نیست و باید قبل از غروب برگردد. لب جوی نشست و به خزه‌های چسبیده به کناره‌های آن خیره شد، دستش را لابلای آنها برد. نرم و لیز بودند و سپس به تنه درختی کنار جوی تکیه داد و با صدای بلند شروع کرد به آواز خواندن.

چه خش مال بارونه یارت و پات بو
اسب سه زین مخملی و زیر پات بو
چه خش یار داشته بی عاقل فهمیده
سرشوتیش بشینی تا دو سپیده
تیلم جای تیلت خم کور بگردم
قربون قد وبالات دورت بگردم[۲]

---

۲ چه زیبا و خوشایند است که ایل کوچ کند ،یار همراهت باشد و بر اسب سیاهی که زین مخملی دارد سوار باشی / چه زیبا و خوشایند است که یاری عاقل و فهمیده داشته باشی و از ابتدای شب تا سپیده دم در کنار او بنشینی و سخن بگویی / چشمانم را به جای چشمهایت در حدقه‌ات می‌نشانم و خودم با کوری زندگی می کنم.

دو مرد جوان از کنار او رد می‌شدند.

یکی از آنها گفت: خدا شفاش بده.

دیگری گفت: فقط عاشقا می‌تونن تو این باد و بارون آواز بخونند.

رفیقش گفت: تو از عاشقی چی می‌دونی؟!

دیگری گفت: وقتی دختر همسایه‌مون رو توی لباس عروسی کنار پسرعموم دیدم، داشتم دیونه می‌شدم. با همه‌ی درختا حرف می‌زدم. اسمشو رو سیب‌های نارس باغ عموم کنده بودم که وقتی سیبا قرمز و آبدار شدند اونا رو براش بچینم و ببینه که اسمش با رنگ روشن تو دل سیب نوشته شده. نامه‌هامو به آب می‌انداختم به این امید که یه روز خم بشه و کاغذ خیسو از آب .... صدا در وزش باد گم شد.

آوا از جایش برخاست و به طرف جاده‌ی اصلی به راه افتاد. مینی‌بوسی جلوی پای او ایستاد. مقصد را از راننده پرسید و سوار شد. روی اولین صندلی نشست. سرش را روی شیشه گذاشت و چشمانش را بست.

بعد از چند دقیقه‌ای کسی از ته مینی‌بوس آمد و در کنار او نشست. آوا نگاهش نکرد. بعد از لحظه‌ای صدای مردانه‌ای بآرامی گفت: آوا خانم شما خیلی خیس شده‌اید. کت مرا روی خودتان بیندازید.

آوا صدای مراد را شناخت. نگاهی به او کرد و گفت: ممنون. من سردم نیست.

مراد چشمان عسلی تیره‌اش را پائین انداخت و با کتش آوا را پوشاند.

آوا به روی خودش نیاورد. متوجه شد که دندان‌هایش به هم می‌خورند. موهای خیس و آشفته‌اش را جمع کرد و آنها را در دستش چلاند و خنده‌اش گرفت. نگاهی به خودش کرد و کت مراد را برگرداند و گفت: آنقدر خیس شده‌ام که کت تو هم کمکی نخواهد کرد.

مراد کت را روی پای او گذاشت و از جیب شلوارش دستمال تمیز سفیدی دراورد و آن را به طرف آوا گرفت و گفت: حداقل با این صورتتون رو پاک کنین.

آوا دستمال را گرفت و صورتش را پاک کرد. سپس از پنجره به تاریکی مه‌آلود خیره شد. مراد ساکت بود. بعد از نیم ساعتی به راننده گفت: همین جا نگه دارید. سپس رو به آوا کرد و گفت: آوا خانم می‌خواهید من تا کلبه با شما بیایم؟ خیلی تاریک است.

آوا کت و دستمال را به مراد پس داد و از اتوبوس پیاده شد. بعد ازچند دقیقه به کلبه‌اش رسید. از دیدن خودش در آینه جا خورد. باورش نمی‌شد که این همان زنی است که سال‌ها در پوست و بدن او زندگی می‌کرده است. این زن چرا اینقدر غریب شده؟ احساس کرد که حتی عکس پدرش، روی آینه با تعجب به او می‌نگرد. لباس‌هایش را عوض کرد و دوش گرمی گرفت و خوابید. نیمه شب بیدار شد. بدنش در تب می‌سوخت و سرش گیج می‌رفت. به زحمت بلند شد و برای خودش کمی سیر و پیاز در شیر جوشاند و نوشید تا تبش را پایین بیاورد. دوباره به تختش برگشت و نفهمید چه مدت در تخت افتاده بود که صدای کوبیدن در او را از دنیای

خواب و بیداری بیرون کشید. با سنگینی بلند شد و در را باز کرد.

مراد با دیدن صورت بی‌رنگ آوا جا خورد و دست و پاچه سلامی داد، سپس گفت: آوا خانم امروز بازار ماهیگیران نیامدین من حدس زدم که مریض شدین. بسته‌ای را به او داد و گفت: آوا خانم لطفا یکی از این پرتقال‌ها رو بخار پز کنید، توش یه قاشق عسل بریزین و گوشتشو بخورین. زود خوب می‌شین. سپس به سرعت رفت و ناپدید شد.

آوا بسته را باز کرد. یک پاکت شیر، چند پرتقال و یک شیشه عسل در آن بود. خودش را توی آشپزخانه کشاند و آنها را جابجا کرد. لبخندی به لبانش نشست. در این موقع چشمان سیاه‌کرده‌ی سرمه خانم از پشت پنجره ظاهر شد. آوا در را باز کرد و سرمه خانم با یک کاسه آش برنج و سبزی وارد شد. نگاهی به چشمان بی‌حال آوا کرد و گفت: چیزی خورده‌ای؟

آوا سرش را تکان داد و به ته مانده جوشونده سیر و پیاز اشاره کرد.

سرمه خانم گفت: برو تو تختت بخواب. سپس به آشپزخانه رفت و قاشقی آورد. کنار تخت آوا نشست و گفت: زیر بارون راه رفتن اون هم توی زمستون خوبیت نداره. اینجوری خودتو مریض می‌کنی. ما نون‌مونو از بدن سالمه که می‌خوریم. بیشتر مواظب خودت باش. فردا میام دیدنت، شاید نقره خانم هم اومد. استراحت کن. چائی کم‌رنگ زیاد بخور. سپس نگاهی به دور و بر کلبه کرد و چندتا برگ‌های شاه‌پسند رو با دستش چید و گفت: اینها رو بریز زیر بالشت. اگر ملافه سبز و آبی داری هم بکش روی خودت، زودتر خوب میشی. و برگ‌ها را زیر بالش آوا جای داد.

آوا همچنان که تکان خوردن اندام درشت سرمه خانم را دنبال می‌کرد با صدای گرفته‌اش گفت: دستتون بابت آش درد نکنه.

سرمه خانم گفت: من باید مطمئن بشم که اونو می‌خوری. سپس قاشق را از آش پر کرد و به دهان آوا ریخت.

آوا گفت: خودم می‌خورم. قول می‌دم. شما باید الان توی بازار باشین. به خاطر من خودتونو تو زحمت نندازین.

سرمه خانم از کلبه بیرون رفت. آوا کمی از آش را خورد و بیاد ملافه سبز و آبی افتاد. رفت توی آشپزخانه و پاهای داغش را بر کف سرد چوبی گذاشت. از خنکی آنها لذتی در بدنش نشست. بسته‌ی بال‌ها را از ته قفسه در آورد و ملافه را از میان آن بیرون کشید. بال‌ها را نوازش کرد و دوباره در پارچه پیچید. او به تختش برگشت و ملافه را روی خود انداخت. بوی ملایم چوب صندل از آن برخاست. چشمانش را بست. در خواب و رویا احساس کرد یک توپ کوچک از نور سفید وارد سرش شد. آهسته و نرم توی سرش دور زد و به طرف گردن و ریه‌هایش سر خورد. حس کرد که این توپ نور تمام دردهای او را به خود می‌کشند. حتی سرخوردن توپ را در یک یک انگشتانش حس کرد، ولی آنچنان در موج آرامش شناور بود که هیچ مقاومتی نکرد. بعد از سه ساعتی از خواب بلند شد. برای خود لیوانی شیر و عسل درست کرد. کنار گلدان‌هایش نشست. احساس کرد که دیگر تب ندارد. خود را در آینه نگریست. آن رنگ پریدگی صورت و حلقه کبود دور چشمانش محو شده بودند. نه استخوان‌هایش درد می‌کردند و نه گلویش می‌سوخت. پیش خودش فکر کرد که چگونه به این سرعت حالش خوب شد. بی اختیار دستش را بر پر سفید کوچکی که به گردنش آویخته بود،

کشید.

*

روز بعد آوا به بازار ماهیگیران رفت. مراد به محض دیدن او از جا پرید و به طرف او رفت. سبد آوا را پر از ماهی‌های درشت سفید کرد و همانطور خیره به صورت او گفت: باورم نمی‌شه که اینقدر زود خوب شدین.

آوا خنده‌ای کرد و گفت: ممنون که به فکر من بودین.

مراد نگاه زیرچشمی به او انداخت و گفت: من مدت‌هاست که به فکر شمام. با فکر شما غذا می‌خورم، ماهی صید می‌کنم، نفس می‌کشم. انگار که زیر پوست من زندگی می‌کنین.

نگاه آوا از روی موهای قرمز مراد روی گونه‌های برجسته گل انداخته‌اش لغزید و بعد روی لب‌های سفید او در صورت بی‌رنگ کک مکی‌اش، متوقف شد. یک لحظه از نظرش گذشت که مراد اقلاً ده‌سال از او جوان‌تر است، ولی یادش آمد که فرشته هم خیلی از او جوان‌تر است. لبش را گزید و بی‌آنکه کلامی از آن خارج شود سبد ماهی را روی شانه‌اش گذاشت و به طرف بازار به راه افتاد. حرف‌های مراد از ذهنش دور نمی‌شد. در این میان یادش آمد که در مینی‌بوس آرزوی داشتن مردی که او را بخواهد را کرده بود و نیز مثل جرقه‌ای از ذهنش گذشت که فرشته به او گفته بود: باید مواظب آرزوهائی که می‌کند باشد.

بساطش را در بازار پهن کرد. سرمه خانم به حالت دو به طرف او آمد، وقتی چشمش به صورت آوا افتاد و سبد پر از ماهی او یک ابروی ضخیم مشکی‌اش به طرف بالا پرید و گفت: ماشاالله.

ماشاالله. قربون قدرت خدا برم. سپس بی‌آنکه حرفی بزند در میان زنان سبزی‌فروش گم شد.

آوا ساعت یازده رفت که با دیگر زنان چای بنوشد. پچ پچ گنگی در میان زنان فروشنده برقرار بود و با همان سرعت در گردش به گوش آوا هم رسید. سرمه خانم به همه گفته که چقدر دستش خوبه و آوا با خوردن آش او یک شبه خوب شده بود.

نقره خانم که بساط مرغ و تخم مرغش را ول کرده بود به سوی او آمد و گفت: آوا جان، این دو تا مرغانه رو برای تو گذاشتم. همین صبح از زیر مرغا جمع کردم. به فکر خودت باش تا هنوز جوونی و برو روئی داری مردی رو پیدا کن که نگه‌دارت باشه. به وقت پیری و کوری هیچکس نیست که به آدم حتی یه کاسه‌ی آش بده. البته از قدیم گفتند مهره‌ی سوراخ‌دار به زمین نمی‌مونه. بالاخره یکی پیدا می‌شه و به نخش می کشه.

آوا ضرب‌المثل نقره خانم را به خودش نگرفت و تخم‌مرغ‌ها را در جیبش گذاشت. سپس با لبخندی از او دور شد. به طرف کلبه رفت. سر راهش چند کیلو نارنجوک و شکر خرید و هوس کرد که یک جفت میل کلفت و چند گوله‌ی کاموای سبز چمنی هم بخرد. با خریدهایش به کلبه برگشت. پول فروش ماهی‌ها را شمرد و سهم مراد را در پاکتی گذاشت که فردا صبح به او بدهد. گلدان‌هایش را آب داد و برگ‌های آنها را تمیز و براق کرد. احساس کرد که نور ضعیفی در ته قلبش سوسو می‌زند. ولی دلش نخواست که به آن فکر کند یا که از آن رویا ببافد. میوه‌ها را بار گذاشت که مربا بپزد. سپس کته ساده‌ای با شوید برای خودش پخت وشروع کرد به بافتن کاموای سبز. هر بار که نخ را دور میل گره می‌زد، صدای مراد را

می‌شنید که می‌گفت: تو زیر پوستم زندگی می‌کنی. پیش خودش فکر کرد که چطور ممکن است کسی مثل مراد به او فکر کند. او جوان بود و می‌توانست به خیلی از دختران جوان ابراز عشق کند و به آسانی عشق او پذیرفته می‌شد. ولی چرا او؟

صبح روز بعد آوا پاکت پول را در دست مراد گذاشت. مراد همانطور که خم شده بود و پاکت را در یکی از بوتهای سیاه پلاستیکی‌اش جا می‌داد گفت: دیر نمی‌شد. خودم آخر هفته می‌آمدم و آن را می‌گرفتم و سبد او را پر از ماهی‌های درشت پوست نقره‌ای کرد.

آوا برای اولین بار نگاهی متفاوت به مراد انداخت و در آن پلک‌زدن‌های سریع چشمان مراد، هیچ حس مخصوصی را در خود نیافت ولی وقتی مراد گفت: من ماهی‌های درشت را فقط برای شما نگه می‌دارم، در صدای مردانه و طنین مقتدر او نیروی خاصی را حس کرد و چیزی در قلبش نشست. لبخندی زد و سبد را گرفت. توی راه زیر لب زمزمه می‌کرد: خدا می‌تواند حتی به شکل یک صدا باشد.

آن روز هوا سرد بود و بازار خلوت، ولی مشتری‌های ماهی می‌دانستند که او ماهی‌های درشت دارد، یک راست به سراغش می‌آمدند و او دو ساعته ماهی‌هایش را فروخت. آوا شال پشمی بلندش را دور خود پیچید و به طرف کلبه به راه افتاد. سر راهش نگاهی به دریای خاکستری کرد. چشمش به مردی افتاد که روی ماسه‌ها نشسته بود و یقه کت خاکی‌اش را تا روی گوش‌هایش بالا کشیده بود. او دقیقاً در جائی نشسته بود که معمولاً او می‌نشست. با کنجکاوی به طرف او رفت. مرد سرش را به سوی او چرخاند و

آوا که غافلگیر شده بود بی‌اختیار سلامی کرد و مراد گفت: سلام از ماست و جلوی پای او بلند شد.

آوا گفت: من فقط رد می‌شدم...

مراد وسط حرفش پرید و گفت: ماهیا رو فروختین؟

آوا سرش را تکان داد و با صدای شاد و پر انرژی گفت: آره. ماهی درشت خیلی زود فروش می‌ره.

مراد لبخندی زد و گفت: خوشحالم که لبخند می‌زنین. سپس آرام روی ماسه‌ها نشست. سرش را به طرف آوا بلند کرد و گفت: آوا خانم شما تا حالا به من فکر کردین؟

آوا نگاهی به او کرد و گفت: از دو روز پیش آره، ولی قبلاً نه.

مراد گفت: من خیلی چیزا از شما شنیده‌ام، ولی آرزوم بود که از دهن خودتون بشنوم.

آوا با جدیتی نرم گفت: چی رو دوست داری از دهن خودم بشنوی؟

مراد نگاه نافذی به او کرد و گفت: یعنی هیچ‌وقت دوست نداشتین که برای کسی مهم‌تر از یک زن ماهی‌فروش با ماهی‌های درشت، توی بازار باشین؟

لرزشی مثل جریان برق در بدن آوا دوید. لحظه‌ای سکوت کرد و گفت: تو چرا به من فکر می‌کنی؟

مراد یک تکه چوب نازک از زمین برداشت و بی‌اختیار شروع به کشیدن طرحی روی ماسه‌ها کرد و در همان حال گفت: من از

اون روزی که شما رو دیدم لب دریا، درست همین‌جائی که من نشسته‌ام، داشتید گریه می‌کردید توی فکرم آمدید. از اون روز من به شما یه جور دیگه نگاه کردم. بیشتر از یک مشتری ماهی. دلم می‌خواست من کسی باشم که بتونم لبخند روی صورت شما بیارم. ولی نه تنها نتونستم این کارو بکنم، بلکه لبخند خودم هم یادم رفت و گرفتار شما شدم.

آوا با کمی فاصله کنار او نشست. به خانه‌ای که مراد روی ماسه‌ها کشیده بود خیره شد. با دستش چند گوش‌ماهی جمع کرد و گفت: می‌دونی مراد عشق مثل دانه گل می‌مونه. باید در زمان مناسب توی خاک مناسب بیفته وگرنه هر چقدر هم که بهش برسی فایده‌ای نداره. بعضی دانه‌ها باید ازشون خیلی مراقبت بشه تا بار بدهند. تازه بعد از رشد هم باز باید دائما بهشون توجه کرد. اگه حلزون شروع به خوردن ریشه‌های گیاه کنه، آدم وقتی می‌فهمه که دیگه دیره.

مراد که به دقت گوش می‌داد، با شاخه‌ای که در دست داشت گلدانی زیر گوش‌ماهی‌هائی که آوا به صورت گل روی ماسه‌ها چیده بود کشید. سپس گفت: من تا یاد دارم صیاد بوده‌ام و با روح دریا آشنایم. سپس سرش را به طرف آوا چرخاند و مستقیم توی چشم‌های تیره او نگاه کرد و گفت: شما فکر می‌کنی من باغبان خوبی خواهم شد؟

صورت آوا گل انداخت و گفت: اگه آدم یه چیزی رو با همه‌ی قلبش بخواد، خوب رنج یاد گرفتن آن را هم تحمل می‌کنه.

مراد گفت: پیرها می‌گویند، تجربه داشتن حتی تلخش بهتر از اصلاً تجربه نداشتن است. من چیزی ندارم که به آن مغرور باشم. یک ماهیگیر ساده‌ام. ولی دلم می‌خواهد بدانم شما از زندگیت چی

می‌خواهی؟ البته اگه منو قابل شنیدن حرفاتون می‌دونین.

آوا تحت تاثیر ادب و شرم مراد گفت: من برای این احساس رهائی که در خود حس می کنم، رنج‌های زیادی کشیده‌ام. سال‌ها زندگی کردم به خاطر آبروی پدرم، گریه‌های مادرم و بیدارخوابی‌های فرزندان کوچک شوهرم. سال‌ها آشناترین صدای زندگیم از پشت دیوار نازکی، شنیدن نفس‌زدن‌های شوهرم در آغوش همسر جوان باردارش بود. یک روز تصمیم گرفتم که آوا را خوشحال کنم. (سکوتی برقرار شد).... آوا به دریای خاکستری تیره خیره شد.

مراد که بدقت گوش می‌داد، گفت: چطوری توانستی به آوا کمک کنی؟

آوا گفت: هر روز بعد از دعای صبح، چشمانم را می‌بستم و از همه کسانی که در زندگیم به آنها دروغ گفته بودم یا از اعتمادشان سوءاستفاده کرده یا به شکلی مایه‌ی آزار و اذیتشون شده بودم تقاضای بخشش می‌کردم، بعد شروع به بخشیدن همه‌ی کسانی کردم که یه جوری به من صدمه زده بودند. ولی یک روز متوجه شدم که هیچکس بیشتر از خودم به آوا صدمه نزده. آن روز از خودم خیلی خجالت کشیدم. روزها طول کشید تا خودم را ببخشم. پس از آن بخشش، زندگی من عوض شد. تصمیم گرفتم که به آوا احترام بگذارم و دوستش داشته باشم. یک روز با یک چمدان از همه‌ی وابستگی‌ها و چیزهای کوچیک و بزرگ دوست داشتنی‌ام خداحافظی کردم و به اینجا آمدم.

مراد که گوش و دل به آوا سپرده بود، گفت: و در این پنج سال که اینجا بودی آوا را خوشحال کردی؟

آوا شالش را محکم‌تر دور خودش پیچید و گفت: این کلبه یک اتاقه برای من مثل قصر است و دو گلدانم مثل دو باغ. شاید برای دیگران اینها ارزش‌های مسخره‌ای باشند، ولی اینها مایه‌ی غرور منند. برای بدست آوردن همین اندک شبانه‌روز کار کردم و لب به شکوه نگشودم.

مراد مشتی ماسه بر دست‌های آوا گذاشت و روی ماسه‌های ریخته شده از دست او دایره‌ای رسم کرد و گفت: آنچه را که من می‌خواهم آغاز کنم تو به پایان رسانده‌ای. سپس تکه چوب باریکش را روی نقطه‌ای از دایره فرو کرد و گفت: ما هر دو در یک نقطه‌ایم. با این تفاوت که تو یک بار دایره را دور زده‌ای و من نه. سپس لبخند سردی بر لبانش نشست و به آوا گفت: من راز تو را نگه خواهم داشت و بعد تکه چوب را با تمام نیرویش به طرف دریا پرتاب کرد و همانطور که بلند می‌شد گفت: من آن باغبانی که گفتی نیستم. من صیادی‌ام که برای جنگیدن قلبش را به میان می‌آورد و برای عشق ورزیدن عقل و توانائی‌اش را.

آوا بلند شد و به چین‌های ظریف دور چشم مراد و پوست نازک او نیم نگاهی انداخت، سپس رویش را برگرداند و بی‌کلامی رفت.

مراد ایستاد و دور شدن او را تا وقتی که تبدیل به نقطه‌ای سیاه شد، دنبال کرد. سپس کفشش را روی رد کفش آوا در شن‌ها گذاشت. مشتش را رو به دریا کرد و با قدرت فریاد زد: «تو را به عظمتت، رد پاهای ما را در یک مسیر قرار بده.»

صدای او در حرکت آرام موج‌ها گم شد.

آوا وارد کلبه‌اش شد. مرباهای سرد شده را در شیشه‌های

کوچک ریخت و در سبدش گذاشت تا که فردا به بازار ببرد. صدای پرنده‌های دریائی که از فراز کلبه می‌گذشتند، به گوشش رسید. سرش را از پنجره بیرون آورد و به آنها گفت: قدر پرواز خود را بدانید.

*

صبح روز بعد آوا طبق معمول به بازار ماهیگیران رفت. هر چه نگاه کرد مراد را ندید. چیزی به روی خودش نیاورد.

یکی از ماهیگیران داد زد: آوا خانم ماهی‌های کوچک داریم، می‌خواهی؟ زمستون ماهی بزرگ خیلی نایابه.

آوا سری تکان داد و سبدش را پر از ماهی‌های کوچک کرد، سپس به مرکز شهر رفت و سر جای همیشگی‌اش نشست. مرباها را جلوی خودش پهن کرد و شروع کرد به بافتن ژاکت سبز. گه گاهی مراد توی ذهنش می‌آمد و ذکاوت او را تحسین می‌کرد. پیش خودش فکر کرد چرا او امروز به صید نرفته، ولی می‌دانست که نمی‌تواند از کسی بپرسد و به دردسر توی زبان‌ها افتادنش نمی‌ارزد. سرش را به بافتن ژاکت گرم کرد. هوا به شدت سرد بود و مشتری کم. آن روز و دیگر روزهای سرد و بی‌خورشید گذشتند. آوا ژاکت سبزش را تمام کرد و در پشت آن نقش یک جفت بال فرشته به رنگ نیلی دریا انداخت. زنان فروشنده طرح او را دوست داشتند و بعضی از آنها نیز شروع کردن به بافتن بال فرشته در پشت ژاکت کودکانشان.

آوا دیگر مراد را در ساحل و یا در بازار ماهیگیران ندید. یک روز سراغ او را از صیادان گرفت، ولی کسی نشانی از او نداشت. به

او گفتند: مراد از اول هم غریبه بوده، کسی نمی‌داند از کجا آمده و به کجا رفته، نه دوستی داشته و نه خانواده‌ای. آوا دیگر از کسی راجع به او نپرسید. رفتار مراد به نظرش عجیب آمد، ولی ته ذهنش می‌دانست که اگر او برای همیشه رفته بود، حتمن می‌گفت. او در تنهائیش گاهی به مراد فکر می‌کرد و بارها و بارها صدای مراد در گوشش می‌پیچید که می‌گفت: تو در زیر پوست من زندگی می‌کنی. پیش خودش فکر کرد، یعنی مرا بخشی از خودش می‌داند؟ ولی نمی‌توانست بفهمد چرا او ناپدید شد.

او سرش را به فروش ماهی و مربا گرم کرد و فروش ژاکت‌های دستباف را هم به آن افزود. ولی آن ژاکت سبز را اگرچه چند مشتری هم داشت، نفروخت.

روزها گذشتند. بهار آمد و درختان پر شکوفه شدند. آسمان ابری جایش را به رنگین کمان و آفتاب ملایم داد. آوا در گوشه‌ی کنار کلبه تعمیراتی انجام داد و با کمک پسر نقره خانم اتاق دیگری به کلبه افزود. دیوارها را خودش رنگ زد و گوشه‌های اتاق جدید را با کوزه‌ها و ظرف‌های سفالی که روی بعضی از آنها طرح‌های ساده کشیده بود، تزئین کرد و شمع‌های رنگی و عود دور آنها گذاشت. برای پنجره اتاق پارچه متقال بی‌رنگی خرید و از آن یک پرده دوخت. با مداد وسط پرده یک دایره بزرگ رسم کرد، نصف دایره را یک ماهی بزرگ انداخت و آن با رنگ آبی براق گلدوزی کرد و نیمه دیگر را ماهی دیگری رسم کرد که دمش به طرف دهان ماهی اولی بود. آن را هم با نخ براق خاکستری و نیلی پرکرد. تمام حاشیه‌ی پرده را با هفت رنگ رنگین کمان گلدوزی کرد. سپس آن را آویخت و زمین را با گبه‌ای که از بازار خریده بود، پوشاند.

هر وقت که دستش را بر چند شترسوار آبی تیره که از کناره‌های قرمز گبه می‌گذشتند، می‌کشید. احساس می‌کرد که آنها را دوست دارد.

*

روزهای گرم و خفه‌کننده‌ی تابستانی فرا رسیدند و آوا بدون تغییری در روال زندگی‌اش روز را به شب می‌رسانید، دیگر اواخر مرداد ماه شده بود و بوی برنج از مزارع برمی‌خاست.

خورشید با تمام قدرتش می‌تابید و محلی‌ها می‌گفتند این ماه برنج‌پذون است و محصول فقط در این گرما عمل میاید. صورت آوا گل انداخته بود و پوست قهوه‌ایش می‌سوخت. صبح زودتر بساطش را پهن می‌کرد و با انرژی تمام آن را جمع می‌کرد و برای رسیدن سه شهریور لحظه شماری می‌کرد.

چابکی و خوشحالی درونی او از چشم سرمه‌خانم دور نبود. بالاخره سرمه خانم طاقت نیاورد و یک روز در بازار جلوی دیگر زنان فروشنده به او گفت: آوا جان خبریه؟

سرخی در گوش‌ها و گونه‌های آوا دوید، حس کرد داغ شده ولی با خوشروئی گفت: فکر کنم قراره خبری بشه، اگر شد به منم بگین.

سرمه خانم با چشم‌های تنگ کرده رو به نقره خانم گفت: یه کاسه‌ای زیر نیم کاسه این آوا هست. حالا ببین که کی تقش در آد.

نقره خانم همان‌طور که تخم مرغ‌هایش را در سبد می‌چید سرش را بلند کرد و گفت: انشالله. انشالله. ما که بخیل کسی نیستیم.

بالاخره مرداد ماه تمام شد و فصل برنج پذون سر آمد. هوا رو به خنکی می‌رفت و مشتریان ماهی رو به فزونی. یک بعد از ظهر آوا به نقره خانم گفت: من فردا به بازار نمیایم.

نقره خانم لبخند بزرگی زد و گفت: خیر باشه.

آن روز سوم شهریور بود. حس انتظار در کلبه موج می‌زد. آوا تمام کلبه را رفت و روب کرد و ملافه فرشته را که موقع ناخوشی‌اش استفاده کرده بود، شسته شده و اطو کشیده در کنار تخت قرار داد. ژاکت سبز را هم روی لبه تخت آویخت. پنجره‌ها را باز کرد که هوا در خانه جریان یابد و سپس کلبه را با استوخودوس دود داد. گلبرگ‌های شمعدانی و شاه‌پسند را برق انداخت و در اتاق جدید را باز گذاشت. پیراهن بنفش گل‌ریزی به بر کرد و موهای مشکی‌اش را روی شانه‌اش ریخت و یک خوشه گل شمعدانی به کنار گوشش گیره زد. خود را در آینه برانداز کرد. به پوست خشک صورتش کرم مالید و سرمه به چشمانش کشید. شمع‌ها را افروخت و جزئیات کلبه را از نظر گذراند. به نظرش آمد که حتی اشیاّء و لوازم با نبض او می‌تپند. در این موقع صدای کوبیدن در آمد. او نگاهی به ساعت انداخت؛ یازده صبح بود. پیش خودش فکر کرد: آیا ممکن است این فرشته باشد؟ نه! نمی‌تواند. به طرف در رفت و آن را گشود. مراد روبه روی او ایستاده بود.

به محض دیدن آوا در آن آراستگی چیزی در دل مراد فرو ریخت. سرخی در صورت آفتاب سوخته‌اش دوید و با صدائی که به سختی از گلویش خارج می‌شد، گفت: امروز توی بازار ماهیگیرا خیلی منتظر شدم ولی نیامدید. سراغتون را از دیگرون گرفتم، گفتند شما هر روز صبح می‌آمدید. فکر کردم ممکنه مریض شده باشین.

ولی فکر کنم مزاحمم. منتظر کسی هستین؟ نگاه او از روی آوا برداشته نمی‌شد.

آوا سلامی کرد و گفت: بعد از ماه‌ها غیبت، انتظار دیدن شما را نداشتم. سپس از جلوی در کنار رفت و گفت: اگر کاری ندارین بیایین تو.

مراد با خوشحالی وارد کلبه شد. نگاهی به اطراف انداخت و گفت: من نمی‌دونستم که این کلبه اینقدر زیباست. بوی استوخوددوس به مشامش رسید و گفت: من عاشق این بو هستم. یادم می‌آید وقتی بچه بودم مادرم همیشه این بو را می‌داد.

آوا یک استکان چای بهارنارنج برای او ریخت. مراد روی صندلی آشپزخانه نشست و آهسته از جیبش بسته‌ای را درآورد. آن را روی کابینت گذاشت و گفت: این را برای شما آوردم.

آوا نگاهی به کاغذ مومی دور بسته کرد و با ملایمت گفت: شما این همه وقت کجا بودین؟

مراد گفت: راستش بعد از آخرین باری که شما رو دیدم وقتی برگشتم خونه، بهم خبر رسید که پدرم حالش خوب نیست. من همان لحظه رفتم. بیشتر از یک روز توی راه بودم. چون پدرم جنوب زندگی می‌کنه، ولی وقتی رسیدم دیگه خیلی دیر بود.

آوا سرش را پائین انداخت و گفت: من نمی‌دونستم، خدا رحمتشون کنه.

مراد گفت: ممنون. پدرم تنها کسی بود که من در این دنیا داشتم. بعد از خاکسپاری او تصمیم گرفتم شهر به شهر و کوه به کوه را پیاده طی کنم تا به اینجا برسم.

یک ابروی بلند آوا بالا رفت و بی‌اختیار گفت: پیاده؟!

مراد که متوجه برق چشمان آوا بود، گفت: آره. آدم‌های زیادی را دیدم. در مراسم عروسی و ترحیم بسیاری شرکت کردم. در ضمن رقص با زنان را هم یاد گرفتم. سپس مکثی کرد و گفت: یاد گرفتم که بعضی چیزا به اندازه‌ی یه باغبان خوب بودن ارزش داره.

آوا نیم نگاهی به او انداخت و همان‌طور که طنین صدای مراد به دلش نشسته بود، با خنده کوتاهی گفت: دلم می‌خواهد بدانم آن چیست؟

مراد همچنان که ساکت بود، جرعه‌ای از چای نوشید و گفت: اگر آن بسته را باز کنید، می‌فهمید.

آوا بسته کوچک را در دستش گرفت. پیش خودش فکر کرد که چطور این بسته می‌تواند پاسخ او را بدهد. دستش کمی می‌لرزید. مراد که متوجه لرزش خفیف دست او شده بود، جانی گرفت و نگاهش را به پنجره و آن دورها دوخت. آوا کاغذ مومی دور بسته را باز کرد. چشمش به یک جعبه چوبی کهنه افتاد که رویش را کنده‌کاری کرده بودند. چیزی در قلبش به او می‌گفت: آماده هستی که داخل جعبه را ببینی؟ یک لحظه مکث کرد. همان‌طور که دستش روی در جعبه بود نگاهی به مراد انداخت و گفت: تو مطمئنی که می‌خواهی این جعبه را به من بدهی؟

مراد مستقیم در چشمان او نگریست و گفت: آره. مطمئنم. انگشتان او دور استکان چای قفل شده بودند.

آوا از صدای مراد جرئت گرفت و در جعبه را باز کرد. به آن خیره ماند. بعد از لحظه‌ای سرش را بلند کرد و به مراد نگریست. در

جعبه را بست و گفت: حق با توست. در یک جهت حرکت کردن و در یک مسیر قدم برداشتن بسیار مهم است.

مراد دستی به گردنش کشید و گفت: شما منتظر کسی هستین؟

آوا گفت: آره. امسال دومین سالی است که در این روز من در خانه می‌مانم، احتمالاً سال‌های دیگر هم همینطور خواهد بود. من مراسمی خاص در این روز دارم، چون فرشته‌ای به دیدنم می‌آید. البته امیدوارم که بیاید. سپس دستش را بر پر کوچکی که به گردنش آویخته بود کشید.

مراد از حالتی که آوا دستش را به پر کشید، اینطور برداشت کرد که او حتمن نذرو نیازی کرده است که به خاطر برآورده شدنش در این روز در خانه می‌نشیند. خانه را می‌روبد و خود را می‌آراید. او دستانش را در دوسوی بدنش رها کرد و نگاهی به شمع‌های روشن کلبه کرد و گفت: من مراسم آئینی بسیاری را در کوچ‌نشینان و طوایف جنوب دیده‌ام. بعضی مراسم فقط برای یک نفر است که معنا دارد، بعضی‌ها هم برای آدم‌های زیادی. من به همه‌ی آنها احترام می‌گذارم و هر وقت که خواستی می‌روم.

آوا نگاه پرمهری به او کرد و گفت: خوشحالم که مرا می‌فهمی.

مراد لبخندی زد و چایش را تمام کرد. سپس نگاهی به کلبه انداخت و گفت: شنیده‌ام که یک اتاق اضافه کرده‌ای. می‌توانم آن را ببینم؟

آوا بدون هیچ مکثی گفت: آره. حتمن. هنوز کامل نیست، ولی یواش یواش شخصیت خود را پیدا می‌کنه. سپس با یکدیگر رفتند

توی اتاق.

به محض ورود به اتاق، مراد چشمش به پرده افتاد و بعد از چند ثانیه نگاهش روی کوزه‌ها و کاسه‌های سفالی لغزید. زیبائی آنها را در دل تحسین کرد و گفت: فکر می‌کنم دو تا صندلی و یک میز هم احتیاج داری.

آوا گفت: شاید هم یک تخت چوبی با چند تا پشتی ترکمنی.

ردیف دندان‌های سفید مراد از زیر سبیل قرمزش پیدا شد و صدای بم خنده‌ی مردانه‌اش در اتاق اکو انداخت. سپس گفت: تو سلیقه خاصی داری، ولی هر چه هست دوست داشتنی است. رویش را به آوا برگرداند و گفت: دوست داری بیرون کلبه یک باغچه برایت درست کنم؟

آوا پس از مکثی کوتاه گفت: فکر خوبی است. دوست دارم یک طرفش را سبزیجات بکارم.

مراد سری تکان داد و گفت: باشه. فردا بعد از ظهر دست به کار خواهم شد.

آوا به آشپزخانه برگشت و نگاهی به ساعت بالای در انداخت.

مراد گفت: وقت رفتن است؟ و به طرف در رفت. بند کفش‌هایش را بست و گفت: فردا بازار ماهیگیرا می‌بینمت.

آوا لبخندی زد و سری تکان داد. در این بین اعتماد به نفسی را که از دست‌های مراد بیرون می‌ریخت از نظرش دور نماند. آهسته در را پشت سر او بست. سپس به آشپزخانه رفت، جعبه‌ای را که مراد به او داده بود باز کرد و به قطب‌نمای قدیمی که در قاب نقره

قرار داده شده بود، نگاهی دوباره انداخت. جعبه بوی مراد را می‌داد، بوی دانه‌ی گل آفتابگردان. آوا قاب نقره‌ی قطب‌نما را لمس کرد و حس کرد که این ابزار ساده راه‌های بسیاری را به آدم‌های زیادی نشان داده است، شاید هم مسیر زندگی آنها را تعیین کرده است. از خودش پرسید آیا او و مراد هم مسیر هستند؟ سپس به طرف گل‌های نارنجی شمعدانی رفت و با انگشتانش آن را لمس کرد. حس کرد گرمائی به درون قلبش خزید، ولی ناگهان از ته ذهنش برآمد؛ پس فرشته چی؟ نمی‌خواست او را از دست بدهد. بلند شد و بال‌ها را از بسته بیرون آورد و نوازششان داد. آرامشی عمیق در وجودش نشست، سپس قهوه جوش را پر قهوه کرد و سر چراغ گذاشت. در این بین به پنجره نگریست. انوار ملایم و اریب خورشید پاییزی، در آسمان بی ابر آبی، پراکنده شده بودند. دریا نیلگون بود و آرام. ماسه‌های شسته شده‌ی ساحل در فاصله برگشت دوباره موج‌ها، می‌درخشیدند.

بوی ملایم صندل که هر لحظه بیشتر می‌شد، به مشام آوا رسید، همزمان با برخاستن بو، صدای کوبیدن در بلند شد. او در یک لحظه مستاصل شد، نمی‌دانست در را باز کند یا که بو را دنبال کند. دوست نداشت کسی را بپذیرد و نمی‌خواست خلوت خود با فرشته را با هیچ چیز عوض کند. صدای در دوباره بلند شد. آوا از آشپزخانه بیرون آمد و دید که ساعت بالای در سه بعدازظهر است، توی راهرو پیچید، به طرف در رفت، فرشته روبه روی او با لبخند ایستاده بود.

آوا که باورش نمی‌شد او را با گرمی و آشنایی پذیرفت. به محضی که خواست چیزی بگوید، فرشته انگشتش را روی لبان خود گذاشت و او را دعوت به سکوت کرد. آوا سراپا چشم و گوش شد.

فرشته مشتش را باز کرد و چندین پر سفید کوچک در دست‌های او ریخت. سپس به طرف اتاق قدم زد. در مسیر او پرهای کوچک سفید روی زمین ریخته می‌شدند.

آوا او را دنبال کرد و پرهای ریخته شده پشت سر او را توی مشتش جمع می‌کرد و داخل دامن چیندارش می‌ریخت. فرشته روی تخت نشست.

آوا فوری ژاکت سبز را به او داد و گفت: این را برای تو بافته‌ام.

فرشته آن را پوشید و گفت: چقدر زیباست.

آوا خوشحالی بی‌وصفی را در چهره‌ی او مشاهده کرد. سپس گفت: این بار چشم‌های تو می‌خندند. عاشق شده‌ای؟

فرشته همانطور که دستش را روی ژاکت سبز می‌کشید، گفت: کار من این است که بین قلب‌هائی که به هم احساس دارند، سفر کنم و حس عشق را از انرژی بین آنها بفهمم. من هم مثل آدم‌ها با شنیدن، بوئیدن، لمس کردن، دیدن و چشیدن دنیا را می‌شناسم. با این تفاوت که سلول‌های من بسیار حساس‌تر از آنهاست. با همین توانائی است که می‌توانم درون آدم‌ها را ببینم، نیازها و خواسته‌هایشان را درک کنم.

آوا که با دقت گوش می‌داد گفت: یعنی تو هیچوقت عاشق نمی‌شوی؟

فرشته نگاهی به موهای مواج آوا انداخت و گفت: آدم‌ها می‌توانند در سطح فیزیکی، احساسی، روحی یا ادغام تمام این سطوح، عشق بورزند ولی فرشته‌ها قابلیت فیزیکی آدم‌ها را ندارند.

آوا گفت: یعنی فرشته‌ها جنسیتی ندارند؟

فرشته گفت: چرا ولی جنسیت ما متفاوت است. بعضی ها مرد یا زن هستند. بعضی ها دو جنسی هستند و بعضی هم بدون جنسیت.

آوا تکانی خورد و گفت: پس عشق بین آنها چگونه است؟

فرشته گفت: بین ما عشق در سطح جنسی وجود ندارد. ما یکدیگر را دوست داریم برای آنی که هستیم. هر کس اجازه دارد که خودش باشد و خودش را زندگی کند.

آوا که سراپا گوش بود. گفت: مثل کودکان. آنها نیز عشقشان این شکلی است. کافی است به آنها محبت کنی، همیشه تو را به یاد خواهند داشت. سپس رو به دسته‌ی پرهای ریخته شده روی تخت کرد و گفت: تو بال‌هایت را به دست آوردی؟!

فرشته یک لیوان از شیر و عسل کنار تخت نوشید و گفت: آری. از لحظه‌ای که تو این ژاکت را به من بخشیدی من دوباره در رویای آدم‌ها ظاهر خواهم شد. تو حس دست و پوست و روح خود را نیز در هر گره‌ی این ژاکت بافته‌ای.

آوا که مات به او می‌نگریست، احساس کرد پاهایش می‌لرزند. آرام روی زمین روبه روی فرشته نشست و گفت: اگر دیگر به زمین نیایی من دلم برای تو تنگ خواهد شد. اشک‌های گرم او روی گل‌های بنفش پیراهنش می‌افتادند.

فرشته گفت: هر وقت دلت برای من تنگ شد، قبل از آنکه بخوابی صدایم بزن. من در رویای تو خواهم آمد. البته شاید بعد از بیداری مرا بیاد نیاوری. راستی می‌توانی مرا دانیل صدا کنی.

آوا گفت: اگر تو خواستی مرا ببینی چه؟

دانیل لبخندی زد و مشتش را گشود. خوشه ترو تازه‌ی شاه‌پسندی را که سال پیش از موهای او ربوده بود، نشانش داد.

عرقی بر بدن آوا نشست. ناگاه به خود آمد. توی آشپزخانه رو به پنجره نشسته بود. کف‌های قهوه سطح چراغ گاز را پر کرده بودند. آوا دستپاچه گاز را خاموش کرد. خودش هم نمی‌دانست چه اتفاقی افتاده. به دور و برش نگریست. بوی صندل و قهوه جوشیده کلبه را پر کرده بود. به طرف اتاق دوید. پارچ شیر و عسل خالی شده بود و ژاکت سبز دیگر آنجا نبود. مشتی پر سفید کوچک روی تخت و روی زمین به چشم می‌خورد. پرها را جمع کرد و در یک کیسه کوچک توری ریخت. به آشپزخانه برگشت. چشمش به بسته خالی از بال‌ها افتاد. روبان سفید دور کیسه پرها را گره زد و روی آن نوشت: سقوط فرشته.

یک شب در خواب دیدم که در میان قبرها و مرده‌ها هستم. یک شبح سیاه‌پوش آمد و مرا از آنجا بیرون آورد. وقتی از خواب پریدم قلبم به شدت می‌زد. در آن موقع من در تهران زندگی می‌کردم و به کلاس‌های «کارل گوستاو یونگ» می‌رفتم. پیش خودم فکر کردم که تحت تاثیر اسطوره‌هائی که در کلاس راجع به آنها حرف می‌زنند واقع شدم و این خواب را دیدم، اگر چه هیچ‌وقت راجع به اسطوره‌ای با مشخصاتی که در خواب من بود چیزی نشنیده بودم. بعد از دوهفته درس کلاس راجع به اسطوره‌ی «حادث»، خدای دنیای زیرین بود و من دریافتم که قبل از آنکه درباره‌ی او بدانم به خواب من آمده است. من این خواب را که همواره همراهم بود بعد از سیزده سال به صورت داستان درآوردم. امیدوارم از آن لذت ببرید.

سفر به تاریکی

حوا نفهمید که به داخل یک سیاهی عمیق و بی‌منفذ پرتاب شد یا که یک توده‌ی سیاه او را در خود بلعید. برای یک لحظه چشمانش را بست و خیال کرد که خواب دیده، ولی ته دلش می‌دانست که فشار آن انرژی تاریک به پیشانی‌اش آنقدر واقعی است که نمی‌تواند یک رویا باشد. رگ گردنش به سرعت می‌جهید و زبانش مثل یک چوب خشک به سقف دهانش چسبیده بود. چشمانش را آهسته گشود و دور و برش را نگریست. هیچ نقطه‌ی روشن یا روزنه‌ای نیافت، شروع به لمس اطراف کرد و دانست که در تلی از خاک احاطه شده. دستش را بلند کرد و متوجه سقف سنگی کمی بلندتر از قامتش شد. موهای نازک روی ساعدش هشیار و برانگیخته شده بودند. او حدس زد که داخل یک غار است.

همانطور که ایستاده بود، کف پایش را در ذرات زبر و درشت خاک سائید، بوی ماندگی و کهنگی برخاست. با احتیاط پاشنه‌اش

را روی خاک کشید و بعد از اندکی به جسم سخت و ناهمواری خورد. کف پایش را بر آن لغزاند، ولی نفهمید چیست. خم شد و آن را برداشت. تمام حواسش را در انگشتانش ریخت و فهمید که از جنس استخوان است. سپس کف دستش را روی سطح مدور آن کشید و متوجه یک دسته موی نازک شد، جیغی زد و استخوان را پرت کرد. صدائی از گلویش خارج نشد. رعشه‌ای در اندامش دوید، صدای تپش قلبش در گوشش پیچید و کف دست‌هایش خیس شدند. حوا چشمانش را بست. ولی آن انرژی بلعنده‌ی سیاه، در پیشانیش نشسته بود و آنجا هم همانقدر تاریک. او شانه‌های خود را با دو بازویش در آغوش کشید و با صدای بلند گریست. گرمی اشک‌هایش را روی صورت سردش حس کرد و متوجه شد که صدایی از گریستنش برنمی‌آید.

بغضش را خورد و با چشمانش که دیگر به تاریکی عادت کرده بودند، نگاهی دوباره به اطراف انداخت. در این لحظه کپه‌های خاک را دید که استخوان‌های خرد شده و بدن‌های پوسیده از میان آن‌ها بیرون زده‌اند. دست مردی را دید که هنوز کمی گوشت داشت و انگشتر عقیق بزرگی به استخوان‌های انگشتش وصل بود. رویش را بر گرداند. معده خالی‌اش با فشار به قفسه سینه‌اش واکنش نشان می‌داد، ولی نمی‌توانست بالا بیاورد. برای چند ثانیه سرگیجه‌ی شدیدی بر او غالب شد. روی خاک‌ها نشست و نفس عمیقی کشید. پیش خود اندیشید؛ اینجا چه می‌کند، میان این همه تاریکی و خاک، پوسیدگی و مردگان؟ یک آن به ذهنش آمد که آه! او در دنیای زیرین است. پشتش تیر کشید و احساس کرد دو گلوله‌ی آهنی نامرئی به پاهایش وصلند. سرش را در میان دو دستش گرفت و بی‌اختیار مادربزرگش را صدا زد. یادش آمد که در پنج سالگی

به او گفته بود: شاهزاده‌ی قصه اگر در گرفتاری می‌افتاد و دیگر نمی‌دانست چه باید کند، یک تار مویش را می‌کند و آه می‌کشید و سپس «پری آه» بر او ظاهر می‌شد و گرفتاریش را حل می‌کرد.

حوا لبخندی زد و یک تار مو از سرش کند و آه کشید. ولی چون صدائی از او برنخاست غمگین شد و آه بلندی در دلش کشید. پیش خودش فکر کرد «پری آه» حتماً برای آنهائی هم که صدایشان را از دست داده‌اند کار می‌کند و بی‌حرکت همانجا نشست. دقیقه‌ها گذشتند و سکوت عمیقی در درون حوا برقرار شد.

سپس او با چشمان بسته به آن نیروی سیاه نشسته در پیشانیش، بی‌آنکه به هیچ چیز فکر کند، خیره شد. با تمام قلبش، خواست که او را بفهمد و بداند، به او نزدیک شود و از حضورش نگریزد. سپس با صدای ذهنی‌اش به او گفت:

«روح من قدرت تو را احساس می‌کند. عظمت تو ترس می‌آفریند و از آنجا که تو در تاریکی فرو رفته‌ای، رازهای تو بر کسی آشکار نمی‌شود. تو کلیددار دنیای زیرینی. تنها تو می‌توانی مرا از میان سایه‌ها بگذرانی. **قلب** من به حقیقت وجود ناشناخته‌ی تو اعتماد می‌کند و از تو می‌خواهد که یکی از قدرت‌هایت را که هدایت است، بر من آشکار کنی.»

حوا دو کف دستش را به هم سائید و سرش را به نشانه‌ی احترام پایین آورد. در این لحظه یادش آمد که مادربزرگش گفته بود: اگر چیزی از عالم بالا می‌خواهی باید آن را سه بار با صدای بلند تکرار کنی. سپس دوباره تکرار کرد:

«روح من قدرت تو را احساس می‌کند. عظمت تو ترس

می‌آفریند و از آنجا که تو در تاریکی فرو رفته‌ای، رازهای تو بر کسی آشکار نمی‌شود. تو کلیددار دنیای زیرینی. تنها تو می‌توانی مرا از میان سایه‌ها بگذرانی. **روح** من به حقیقت وجود ناشناخته‌ی تو اعتماد می‌کند و از تو می‌خواهد یکی از قدرت‌هایت را که هدایت است، بر او آشکار کنی.»

بعد از چند لحظه چشمانش را باز کرد و ایستاد. از پشت سرش صدای نرم خش خشی را تشخیص داد. بی‌اختیار نفسش کوتاه و بی‌صدا شد. دستش را روی قلبش گذاشت و برای بار سوم تکرار کرد:

«روح من قدرت تو را احساس می‌کند. عظمت تو ترس می‌آفریند و از آنجا که تو در تاریکی فرو رفته‌ای، رازهای تو بر کسی آشکار نمی‌شود. تو کلیددار دنیای زیرینی. تنها تو می‌توانی مرا از میان سایه‌ها بگذرانی. **من** به حقیقت وجود ناشناخته‌ی تو اعتماد می‌کنم و از تو می‌خواهم یکی از قدرت‌هایت را که هدایت است، بر من آشکار کنی.»

سپس آرام برگشت و پشت سر خود را نگاه کرد. چند مار بزرگ سفید و سیاه داخل جمجمه‌ها رفت و آمد می‌کردند. حوا تمام نیرویی را که می‌خواست با آن جیغ بکشد، در پاهایش ریخت و هر چه محکم‌تر آنها را به زمین کوبید. مارها از او فاصله گرفتند و او از کوفتن باز ایستاد. نفس نفس می‌زد و دیگر جائی برای فکر کردن به ترس نداشت.

در این لحظه نور نقره‌ای رنگی توجه او را به خود جلب کرد. در فاصله‌ای نه چندان دور چشمش به یک شبح سیاهپوش با شنل و کلاه افتاد. صورت او فقط تاریکی بود و شنل و کلاه به او هیئت

آدمی می‌داد. او عصائی از استخوانی بلند و باریک داشت که می‌شد حدس زد روزی پای انسانی بوده و به دست دیگرش شمع سیاه رنگی که تلالوی شعله‌ی آن شبیه نور ماه بود.

شبح پشتش را به او کرد و سه بار عصایش را به زمین کوبید، همه‌ی استخوان‌ها و لاشه‌ها به کناری رفتند و راه باریک خاکی به اندازه عبور یک نفر بین آن‌ها باز شد. مارها و افعی‌ها سر خم کرده در دو طرف راه باز شده ایستادند. حوا مسخ قدرت شبح شده بود و از آنجا که دیگر چیزی نمی‌توانست در او تعجب یا وحشت برانگیزد، به غریزه دانست که باید شبح را دنبال کند. قدم در مسیر بازشده گذاشت و احساس کرد که نیروی سنگین و ماورای طبیعی در فضا حاکم است. سکوت رعب‌آوری برقرار بود، گوئی هیچ جنبنده‌ای نفس نمی‌کشید. بوی عجیبی در فضا پخش شد که شبیه هیچ چیزی که او می‌شناخت نبود. تمام فعالیت‌های ذهنی‌اش متوقف شده بودند و او سعی می‌کرد که به چپ و راست خود ننگرد و فقط متمرکز شبح باشد. در این میان صدائی مردانه از درون حوا به او گفت: به شبح خیره نشو، فقط زیر نور شمعش رد عصا را دنبال کن.

حوا گرمی در قلبش حس کرد، عشق و حمایت را در صدا تشخیص داد. نگاهش را از شبح برگرفت و سرش را پائین انداخت. زیر تلالوی ضعیف شمع، رد عصا را دنبال کرد ولی بعد از چند قدم متوجه شد که به جز رد عصای شبح و پای خودش هیچ اثر دیگری بر باریکه‌ی راه خاکی نیست. در این لحظه، سرش گیج رفت و با نفس‌های بریده بریده به چپ و راست منحرف شد. آن صدای درونی دوباره به او گفت:

«تو در دنیای ناآشنائی قدم می‌زنی، ولی این هم مثل بسیاری از

چیزهای ناشناخته درون توست که هرروزه حملشان می‌کنی و با دم و بازدم به آنها زندگی می‌بخشی. پشت این ناشناختگی‌ها حقیقتی است. قوی باش، فقط چند قدم دیگر باقی مانده.»

حوا به خود آمد و گفت: این صدای خداست. با قوای تجدید شده سعی کرد نفس‌هایش را کنترل کند و چند گام دیگر با پاهای سنگینش برداشت. ناگهان متوجه شد که دیگر ردی از عصا نیست، چیزی در قلبش فرو ریخت، سرش را بلند کرد و نور نقره‌ای و شبح را برای یک لحظه آن دورها دید، سپس آنها در دل تاریکی گم شدند. حوا بی‌اختیار دوید و احساس کرد که از درون شبح گذشت و داخل یک تونل تاریک و بلند افتاد. گوئی ثانیه‌ها بر لبه‌ی بی‌مکان زمان در سرعت پاهای او ثابت ایستاده بودند.

٭

حوا عرق کرده و سرد در حالیکه روی تختش نشسته بود، خود را پیدا کرد. اتاقش را در نور آبی چراغ خواب شناخت و به ساعت کنار تختش که سه بامداد را نشان می‌داد، نیم‌نگاهی انداخت. بدنش می‌لرزید و دندان‌هایش به هم می‌خوردند، دو دستش را روی شقیقه‌هایش گذاشت و آهی کشید و از شنیدن صدای خود خوشحال شد. سپس به آشپزخانه رفت و یک لیوان آب نوشید و دستش را روی شوفاژهای گرم کشید. پتویش را دور خود پیچید و به طرف پنجره‌ی هال رفت، پرده‌ی کلفت آن را کنار زده به آسمان نگریست. از آن شب‌های زمستانی بی‌ماه بود، نور چراغ‌های خیابان در مه غلیظ، محو شده بودند و چهره‌ی اسرارآمیزی به تهران می‌بخشیدند. حوا با خود اندیشید: آن بو چقدر واقعی بود. آن شبح کی بود؟ در رویای شبانه من چه می‌کرد؟ تمام جزئیات رویا جلوی

چشمش می‌آمدند، ولی بعد از نیم ساعت یادش آمد که باید صبح سر کار برود، برگشت توی تختش، زانوانش را به بغل گرفت و بازوانش را به هم قفل کرد، ولی تا روشن شدن هوا نتوانست بخوابد.

صبح قبل از همه‌ی کارمندان به شرکت رسید. وارد دفتر کارش شد و سعی کرد با ترجمه و ویرایش انبوه کاغذهای روی میز خود را مشغول کند، ولی تمرکز نداشت. بعد از یک ساعت کلنجار رفتن با کاغذها، بالاخره آنها را کنار گذاشت و شروع به نوشتن جزء به جزء رویایش کرد، بعد به ذهنش آمد: کیومرث بهترین کسی است که می‌تواند درباره‌ی خوابش با او حرف بزند، چون او همیشه از کتاب خواب و رویای یونگ حرف می‌زد. اگر چه مهندس انجماد فلزات بود، ولی کتاب‌های اسطوره‌شناسی از دستش نمی‌افتاد. شماره اتاق او را گرفت ولی هیچ‌کس جواب نداد و ناگهان یادش آمد که امروز مهندسان خط تولید با هیئت مدیره جلسه دارند، به خود گفت: شاید شانس بیاورم و وقت ناهار او را پیدا کنم. سپس به ساعتش نگاه کرد. هنوز سه ساعتی به ظهر مانده بود. در اتاق قدم زد و مدارک داخل قفسه‌ها را جابه‌جا کرد و بعد میزش را مرتب نمود و کاغذها را روی هم چید. دوباره به ساعتش نگاهی انداخت ولی انگار عقربه‌ها حرکت را از یاد برده بودند. آهی کشید، کاغذی برداشت و کارهای فردا را در آن نوشت، سپس با رنگ‌های مختلف در حاشیه‌ی آن شروع به کشیدن طرح‌های ساده‌ی هندسی کرد. در زیبائی رنگ‌ها و راز اشکال غرق شده بود که صدای اذان مسجد سر کوچه فضای اتاق را پر کرد.

حوا که از گذشتن سریع دقیقه‌ها جا خورده بود تلفن را برداشت

و اتاق کیومرث را گرفت، باز هم کسی جواب نداد. او برخاست و سری به ناهارخوری شرکت زد، کیومرث آنجا هم نبود ولی چشمش به دیگر مهندسان افتاد که یکی یکی وارد سالن می‌شدند. سریع از پله‌ها بالا رفت و خود را به اتاقش رساند. به کیومرث زنگ زد. بالاخره پس از پنج بار زنگ خوردن، گوشی تلفن برداشته شد.

بفرمائید. بخش طراحی تولید. کیومرث.

حوا: سلام کیومرث. خوبی؟

کیومرث: آاا سلام حوا. خوبی؟ چطوری؟

حوا: راستش خیلی خوب نیستم. مم..یعنی یه کم خستم، ولی راستش می‌خواستم اگه وقت داری، باهات کمی حرف بزنم.

کیومرث: آره. آره. نیم ساعت دیگه باید برگردم توی جلسه. ولی بگو چیزی شده؟

حوا: راستش من دیشب نتونستم بخوابم. یه خواب خیلی ترسناک و عجیبی دیدم، ولی از طرفی اینقدر واقعی بود که هنوزم باورم نمیشه که فقط یه خواب بوده.

کیومرث: خوب آره. بعضی خواب‌ها اینجورین. بهشون میگن رویاهای صادقه. یه چیزی بین خواب و بیداری هستن. خوب حالا خوابتو بگو.

حوا: راستش من وسط یه عالمه قبر و مرده بودم و یه شبح سیاهپوش ظاهر شد و به من کمک کرد که از اونجا بیرون بیام. یه شمع مشکی داشت و عصا. توی جزئیات نمیرم چون وقت کمه ولی اون خیلی واقعی بود، حتی بوی توی خوابم رو هم یادمه.

کیومرث: اووو! فکر کنم توی دنیای زیرین رفته بودی؟!

حوا: آره خودم هم همین حدس رو زدم. من همه جزییات خوابم رو نوشتم...

کیومرث: خوب نوشته‌ات رو تند تند برام بخون. من یه سیگار می کشم، گوشم به توست.

حوا: نوشته‌اش را می‌خواند. (چند لحظه سکوت...)

کیومرث که با دقت گوش می‌داد، گفت: این شبح می‌تواند یکی از خدایان اساطیری یونان باشد. اسمش «حادث» است. اسم حادث رو شنیدی؟

حوا: «حادث»..! آدمو یاد حادثه می‌اندازه. نه... در همان حال اسم حادث را روی کاغذ یادداشت کرد.

کیومرث: او یکی از پسران «زئوس»، خدای خدایان کوه المپ است. به حادث حکومت بر دنیای زیرین داده شد. او خیلی با قدرت است و یکی از ثروتمندترین خدایان، زیرا صاحب گنج‌های زیر زمین می‌باشد و جای آنها را می‌داند. او صورت ندارد و تابحال کسی چهره‌ی او را ندیده.

حوا: یعنی من حادثو خواب دیدم؟

کیومرث: اسمشو زیاد تکرار نکن، خصوصاً شبها، چون حضور پیدا می کنه. اصولا اگه کسی به دنیای زیرین برده شه دیگه نمی‌تونه از اونجا بیرون بیاد. البته در داستان‌های اساطیری «پرسفونه» که همسرشه می‌تونست یک فصل از چهار فصل رو روی زمین بیاد و مادرش «دیمیتر» رو ببینه. «حادث» خدای مردگان است و با لبخندی

گفت: البته تو او را ملاقات کرده‌ای و سالم برگشتی. ظاهراً سه بار وردت کار کرده و خوب این یه‌خورده عجیبه با شخصیت اون نمی‌خوره. بذار یه کم فکر کنم. آ. ... ببینم اسم انگره مینو رو شنیدی؟

حوا: نه ولی خیلی شبیه اسم‌های زردشتی است.

کیومرث: آره. درسته. یه اهورا مزدا داریم که خدای روشنائی و خیر است، اهریمن که خدای شر است و انگره مینو که خدای زیرینه یا همون تاریکی‌ها. البته زردشتی‌های اولیه اعتقاد داشتند که هرسه تای اینها چهره‌های یک خدا هستند. دین‌های جدید مثل یهود و مسیحیت و اسلام آن را از هم جدا می‌کنند. همه‌ی خوبی‌ها رو به خدا نسبت می‌دن و تاریکی و بدی را به شیطان. ولی اگر هرسه اینها رو در یک خدا تصور کنیم یا بگوییم که چهره‌های متفاوت یک خدایند، اون وقت می‌تونیم اینو بگیم که سه بار تکرار دعای تو برآن بخش اهورائی خدا تاثیر گذاشته و تو از آن تاریکی بیرون اومدی.

حوا: منظورت اینه که این بخش‌ها از همدیگه جدا هستند؟

کیومرث: ببین مثلاً مرگ و زندگی همیشه با هم هستند، حتی قبل از اینکه تو متولد بشی مرگ با تو بوده و از لحظه‌ای هم که رشد می‌کنی و از کودکی به نوجوانی و جوانی و ... رو طی می‌کنی تو می‌دانی که تمام اینها موقتیه و دستخوش تغییره تا زمانی که مرگ که بخش دیگر زندگی است میاید و تو باز هم شکل عوض می‌کنی. رابطه‌ی چهره‌های خدا هم همینطوره. با هم می‌آیند و جدائی ناپذیرند. زیاد بهش فکر نکن. اگر چه خیلی خواب جالبیه، مخصوصاً که تو قبل از اینم با اونا آشنا نبودی. البته می‌دونی که

بعضی‌ها اعتقاد دارن که ما همه‌ی این اسطوره‌ها رو می‌شناسیم، ولی در حیطه‌ی آگاهی به یادشون نمیاریم.

حوا: یعنی چی؟ منظورت اینه که قبلاً اونا رو می‌شناختیم؟

کیومرث: آره. هر چی که هست فقط یه یادآوریه. یعنی تمام این اطلاعات در ناخوداگاه جمعی وجود داره و در خاطرات سلولی ما ضبط است. چون در سطح ذهنی ما فعال نشدند این دلیل نمیشه که اونا وجود ندارن. همین که به خواب تو اومدند یعنی توی ناخوداگاهی تو وجود داشته. ما یه ناخوداگاهی فردی داریم، یه جمعی. ما از طریق ناخوداگاهی جمعی اطلاعات زیادی رو جذب می‌کنیم و آنها نیز از طریق خواب‌ها و رویاها با ما حرف می‌زنند.

حوا: منظورت از ناخوداگاهی جمعی اینه که مثل یه بانک اطلاعاتی می‌مونه که ذهن ما بدون اراده ی ما از اون تغذیه اطلاعاتی می کنه؟

کیومرث: تقریبا یه همچین چیزی. ولی برو در موردش بخون تا خوب متوجه بشی.

حوا: فکر کنم که بطور جدی باید برم و کتابائی رو تو این زمینه بخونم، چون خوب متوجه حرف‌هات نمی‌شم. به هر حال ازت خیلی ممنونم.

کیومرث: خیل خوب. من برم یه چیزی بخورم. تو هم نترس. یواش یواش باید با دنیای اونام آشنا بشی، هه هه ایی...

حوا: قربانت. مرسی. بعداً با هم حرف می‌زنیم.

کیومرث: قربانت.

حوا که قلبش به سرعت می‌زد، زیر لبش تکرار کرد: اساطیر یونان؟ یادش آمد که در نوجوانی راجع به «زئوس» یک فیلم سینمائی را تا نصفه دیده بود. در آن فیلم «زئوس» مرد هوسباز و زنباره‌ای بود که از هیچ زن زیبائی نمی‌گذشت و پدرش تلویزیون را خاموش کرده و گفته بود: این به درد تو نمی‌خوره.

نگاهی به کاغذ یادداشتش کرد و به اسامی حادث، پرسفونه، دیمیتر، انگره مینو، اهریمن، اهورا، ناخودآگاه جمعی و خاطرات سلولی. به خودش گفت: می‌روم انتشاراتی و راجع به همه‌ی اینها کتاب پیدا می‌کنم. بعد از تمام شدن ساعت کاری، حوا از شرکت بیرون آمد تا اول به نزدیک‌ترین کتابفروشی سری بزند.

وارد خیابان شد، بادی سرد که بوی برف قله‌های البرز را داشت توی صورتش وزید. آسمان خاکستری و خیابان ونک دود گرفته بود. حوا احساس خستگی کرد و ترجیح داد به جای سرزدن به کتابفروشی به آپارتمانش برگردد و بخوابد. یک تاکسی گرفت و بعد از نیم‌ساعت خود را در آپارتمانش یافت. دوش گرمی گرفت و برای خودش چای سبز دم کرد. درجه‌ی شوفاژها را بالا برد و رفت توی اتاق خوابش و شروع به صاف کردن ملافه و پتوی به هم ریخته روی تخت کرد. در همین آن پایش به چیزی خورد، خم شد و نگاهی به پائین تخت انداخت. چشمش به شمع کلفت سیاهی افتاد که در گوشه‌ی پایه تخت قرار گرفته بود، در یک آن خشکش زد، بی‌اختیار نشست روی زمین و به خود گفت: امکان نداره من شمع مشکی خریده باشم. یادش آمد که هفته پیش چند شمع خریده و زیر تخت گذاشته بود. دستش را برد زیر تخت، لرزه‌ای مثل جریان الکتریکی در انگشتانش به جریان افتاد. بسته پیچیده در کاغذ مومی

را بیرون کشید. سه شمع آبی و نارنجی و بنفش که خودش انتخاب کرده بود را در آن یافت. سپس، شمع مشکی کنار تخت را برداشت و با تعجب دید که قبلا روشن شده. شمع از دستش افتاد. پشتش تیر کشید و مورموری بر بدنش دوید. حس کرد نفسش بالا نمیاید و قلبش به سرعت می‌تپد. دوید توی هال و به خانه کیومرث زنگ زد.

کیومرث: الو.

حوا: کیومرث! ازت خواهش می‌کنم هر چه زودتر بیا اینجا.

کیومرث: جریان چیه؟ چرا صدات این جوریه؟ اتفاقی افتاده؟

حوا: نه. فقط بیا اینجا.

کیومرث: من الان خونه رسیدم، تا برسم پیش تو نیم ساعت، سه ربعی طول می‌کشه.

حوا گوشی را قطع کرد و گیج و حیران افتاد روی کاناپه.

کیومرث: الو. الو؟!

نیم ساعت بعد کیومرث پشت در ساختمان حوا زنگ طبقه‌ی سوم را فشار داد. در ساختمان باز شد و او با سرعت در آسانسور پرید و خود را پشت در آپارتمان رسانید. در باز بود، او وارد شد. چشمش به صورت رنگ پریده حوا که وسط هال ایستاده بود، افتاد و گفت: چی شده؟ نفهمیدم چطوری تا اینجا اومدم. روی هوا روندم. جریان چیه؟

حوا با نفس‌های بریده بریده قضیه پیدا کردن شمع مشکی را به او گفت.

کیومرث که با دقت به او گوش می‌داد، گفت: خیل خوب. آروم باش. اول یه نفس عمیق بکش. تو خسته‌ای. دیشب هم نخوابیدی. سپس دستش را پشت حوا گذاشت و گفت: تو خواب وحشتناکی دیدی این روت تاثیر گذاشته....

حوا میان حرف او دوید و شمع مشکی را از اتاق خوابش آورد و به او نشان داد. کیومرث نگاهی به شمع انداخت و گفت: خوب چی شده؟ شمعه دیگه.

حوا گفت: این دقیقاً همان شمعی است که در دست شبح بود.

کیومرث نگاهی به حوا و سپس به شمع انداخت و گفت: شاید قبلاً این شمع را خریده بودی، یادت رفته.

حوا در حالیکه قسم به مقدساتش می‌خورد، گفت: من هیچوقت شمع مشکی نخریدم، مگر عزادار بودم که شمع مشکی بخرم؟

کیومرث دوباره نگاهی به شمع کرد و گفت: خیل خوب. این فقط یک شمعه، شمشیر که نیست. شکلش که مثل همه‌ی شمع‌های دیگه است، شایدم یکی از دوستات اونو اینجا جا گذاشته.

حوا با صدائی شکسته گفت: من خسته‌ام. حوصله‌ی جروبحث ندارم. اصلاً بی‌خود گفتم که بیائی اینجا.

کیومرث نگاهی به چشمان تیره‌ی حوا انداخت، این چشم‌ها نمی‌توانستند دروغ بگویند و از سوئی ته دلش فکر کرد که ممکن است حوا خیالاتی شده باشد. با صدائی ملایم به او گفت: می‌خواهی روشنش کنم، ببینی که هیچی نیست؟ شمع محیطو آروم می‌کنه، تازه انرژی منفی رو هم به خودش جذب می‌کنه و قبل از آنکه منتظر پاسخ حوا بماند فندکش را از جیبش درآورد و آن را روشن

کرد. سپس شمع را روی میز شیشه‌ای وسط هال گذاشت و روبه روی حوا نشست.

حوا ساکت و تا حدی وحشت‌زده به شمع خیره شد. نگاه کیومرث روی حوا می‌چرخید و نمی‌توانست بفهمد که چرا او تا این حد متلاطم است. در عرض چند ثانیه بوی عجیبی در هوا پخش شد. حوا جیغی کشید و گفت: این همان بوست. مطمئنم، همانی است که دیشب، توی خواب مشامم را پر کرده بود.

کیومرث نگاهی به شمع کرد و متوجه شد که شعله آن نقره‌ای است. با سرعت آن را فوت کرد و صورت سفید شده‌اش را رو به حوا گرداند و گفت: چه بوی عجیبی. منو یاد بیمارستان و اتاق عمل میندازه. سپس رفت به سوی پنجره هال، آن را باز کرد و نفس عمیقی کشید. هوای سرد به داخل هجوم آورد و او موج دلهره و اضطرابی را در دلش حس کرد و لرزش دست‌هایش را دید، اما دلش نمی‌خواست حوا حال او را بفهمد. محکم آن‌ها را به هم کوفت و به طرف حوا آمد.

حوا که حضور انرژی عظیمی را در خانه حس می‌کرد، به کیومرث گفت: آن انرژی در اینجا حضور دارد. او همینجاست. بین من و تو.

کیومرث متوجه شد که صدای حوا تغییر کرده، لحنش محکم و طنینش پراقتدار شده. نگاهی عمیق به صورت حوا انداخت، چشم‌هایش هشیارتر و نگاهش نافذتر شده بودند. کیومرث جاری شدن دانه‌های عرق را از زیر بغلش حس می‌کرد و نیز آن حضور نادیدنی بین او و حوا را. در این لحظه گوش‌هایش کیپ شدند و نفسش به سختی بالا میامد.

حوا گفت: لطفا مرا تنها بگذار.

از فکر کیومرث گذشت که این سفر روحی حوا بود نه او. به طرف در آپارتمان رفت و گفت: من بیرون توی ماشین می‌شینم. هر وقت خواستی از پنجره به من دست تکان بده، من فوری میایم و سپس در آپارتمان را آهسته پشت سرش بست. همزمان برق ساختمان قطع شد. کیومرث پله‌ها را در تاریکی دوید و سپس توی ماشینش نشست. شقیقه‌هایش تیر می‌کشیدند و نمی‌دانست چه باید بکند. تاریکی خیابان را در بر گرفته بود و باد سرد شلاق زنان در آن می‌پیچید. او سیگاری آتش زد و به خود گفت: چقدر از این داستان‌های جن و پری و ارواح شنیده‌ام، ولی هرگز چنین چیزی را تجربه نکرده بودم. بعد فکرش روی حوا پرید؛ نه ماه است که او را می‌شناسم ولی هیچ چیز از گذشته او نمی‌دونم، بعد به خود گفت: خوب او هم چیزی از گذشته من نمی‌دونه. ما همیشه اینقدر حرفای دیگه داشتیم که هیچوقت فرصت نکردیم راجع به گذشته‌ی هم بدونیم. پک عمیقی به سیگارش زد و از ذهنش گذشت؛ حوا از آنهایی است که می‌تونی دوستش داشته باشی یا که ازو بدت بیاید، ولی نمی‌تونی از او بی‌اعتنا بگذری. سپس یادش آمد که حوا هیچ‌وقت چیزی از او نخواسته بود. این اولین بار بود که او را اینچنین پریشان می‌دید. از سوئی از حوا مطمئن نبود که بتواند این نیروی ناشناخته را کنترل کند. به خودش گفت: لعنتی! کاش حوا را جدی‌تر گرفته بودی و شمع را روشن نمی‌کردی. در این لحظه خاکستر سیگار روی انگشتش ریخت، آن را تکاند و سیگار دیگری روشن کرد. بخار سرد شیشه‌های ماشین را پوشانده و ساختمان هنوز غرق تاریکی بود. کیومرث سرش را از پنجره بیرون آورد و نور بالای چراغ‌های ماشین را روی ساختمان انداخت، ولی هیچ‌چیز

دستگیرش نشد.

*

وقتی چراغ‌ها خاموش شدند، حوا روی کاناپه دراز کشید و احساس کرد که خوابش می‌آید. چشمانش را بست و به دنیای رویا پرتاب شد. کیومرث را دید که شش ساله است و از مدرسه برگشته. مادر و خواهر او گریه می‌کنند و کسی به کیومرث هاج و واج مانده که به این صحنه می‌نگرد، اعتنائی ندارد. مرد بلند قد و هیکل درشتی با موهای روشن مجعد وارد اتاق می‌شود. او دست کوچک کیومرث را گرفته و به خانه خودش می‌برد. هیچکس به کیومرث توضیح نمی‌دهد که چرا به خانه عمویش برده می‌شود و باید از این به بعد آنجا زندگی کند. ناگهان سر بریده‌ی مردی را روی سینه‌اش می‌بیند که لباس افسر شهربانی به تنش است. او خیلی شبیه کیومرث است؛ پوست سفید، موهای قهوه‌ای روشن و مژه‌های بلند بور. مردی که سر او را بریده، تبهکاری است که سال‌ها در زندان بسر برده و با خود عهد کرده که وقتی از زندان آزاد شود سر افسری که او را دستگیر کرده را روی سینه‌اش بگذارد. او پدر کیومرث را کشته بود. صحنه عوض شد. حوا دید که عموی کیومرث او را که فقط یک نوجوان است شلاق می‌زند. حوا رفت که شلاق را از دست عموی او بگیرد، ولی ناگهان دید که کیومرث شصت و سه ساله است و در بیمارستان روی تخت دراز کشیده. پرستار روی او را با ملافه سفید پوشاند و گفت: سرطان ریه‌هایش را از کار انداخته. او خیلی تنها مرد. حوا با صدای بلند گریست. صدائی از او بر نیامد. اشک‌های گرمش او را متوجه سردی صورتش کردند.

*

بعد از نیم ساعتی کیومرث دوباره نوربالای ماشین را به ساختمان تاباند. همه‌جا غرق در تاریکی بود. او نمی‌دانست چه کند. ناگهان برق ساختمان و خیابان وصل شد. او چشمش را از پنجره برنمی‌داشت و دل توی دلش نبود، ولی می‌دانست که هر چه بوده، تمام شده. نتوانست برای اشاره‌ی حوا بیشتر از این منتظر بماند. رفت و زنگ آپارتمان را زد. هیچ‌کس جواب نداد. کیومرث دوباره زنگ را فشار داد، سپس سرش را روی دیوار گذاشت و گفت: خدایا خودت کاری کن. در این بین یکی از همسایه‌ها از در بیرون آمد. کیومرث سلام و احوال‌پرسی سریع و کوتاهی کرد که نشان بدهد یکی از سکنه ساختمان است و رفت داخل آسانسور، سپس به طرف در چوبی آپارتمان و شروع کرد به کوفتن در. خانم همسایه روبه روی آپارتمان حوا بیرون آمد و گفت: چیزی شده، اینطوری در می‌زنید؟ در همین لحظه حوا در را باز کرد و کیومرث بی‌آنکه جوابی به خانم همسایه بدهد داخل آپارتمان رفت. نگاهی به چشمان خیس حوا کرد و گفت: تو حالت خوبه؟ و او را در آغوش گرفت. از سردی بدن او یکه خورد و گفت: چرا هر چی زنگ زدم درو باز نکردی؟

حوا که دندان‌هایش به هم می‌خوردند با صدای منقطعی گفت: من صدائی نشنیدم، خوابم برده بود.

کیومرث دست‌های حوا را در دست‌هایش گرفت و گفت: کیسه آب گرمت کجاست؟ و همچنان نگاهی به دور و اطراف انداخت، متوجه شد که فضای خانه طبیعی به نظر میاید و دیگر آن بو و آن انرژی در خانه حضور ندارد. شوفاژها را روی آخرین درجه‌ی گرما تنظیم کرد و حوا همانطور که نزدیک در ایستاده بود

به قفسه بالای یخچال توی آشپزخانه اشاره کرد. کیومرث کیسه آب گرم را حاضر کرد و حوله‌ای دور آن پیچید و دست‌های یخ حوا را داخل حوله گذاشت. سپس پتو را از روی تخت آورد و دور شانه‌های حوا کشید. دو فنجان چای داغ برای خودش و حوا ریخت. سکوتی بین آنها برقرار شد. کیومرث رو روبه روی حوا روی کاناپه نشست وهر دو آرام چایشان را نوشیدند.

کیومرث گفت: می‌خواهی با من حرف بزنی؟

حوا لبخند ملایمی زد و گفت: نه، خیلی خستم. می‌خوام بخوابم.

کیومرث گفت: می‌خواهی من اینجا بمونم؟ صبح زودتر می‌رم خونه و لباسمو عوض می‌کنم که سر موقع تو شرکت باشم.

حوا گفت: نه. مرسی از لطفت. ترجیح می‌دم تنها باشم.

کیومرث گفت: اگه نصفه شبم خواستی می‌تونی به من زنگ بزنی. تلفنو کنار تختم می‌ذارم و نگاهش روی شمع مشکی روی میز مکث کرد.

حوا که فکر او را خوانده بود، گفت: نگهش می‌دارم. هدیه‌ای است از «دیگر سو». شاید یک روز بخواهم آن را روشن کنم. راستی کیومرث، تو کی پدرت رو از دست دادی؟

یک ابروی کیومرث بالا پرید و بیاد آورد که هیچوقت راجع به از دست دادن پدرش با او حرفی نزده، سپس گفت: شش ساله بودم. عمویم مرا بزرگ کرد. بعد به طرف در رفت و همچنان که با انگشتان کشیده و بلندش بند چکمه‌هایش را محکم می‌کرد، گفت: چرا این سوال و کردی؟

حوا گفت: هیچی. فقط می‌خواستم مطمئن بشم.

کیومرث سیگاری از پاکت سیگارش بیرون کشید و پشت گوشش گذاشت، سپس با اندکی مکث گفت: حدس می‌زنم تو می‌تونی زندگی و مرگ آدما رو ببینی. درسته؟

حوا سرش را به معنای تائید تکان داد و به چشمهای درشت و روشن او خیره شد.

کیومرث با صدای گرفته‌ای که به زور از ته گلویش بیرون میامد، گفت: صورتت پر از درده. قدرت قبول کردن این هدیه «از دیگر سو» را در خودت می‌بینی؟

حوا با صدائی محکم ولی نرم گفت: اگر قرار باشه که درد و درمان از یک جا بیایند، آره.

کیومرث آهسته در را باز کرد و یک پایش را بین در گذاشت و گفت: درمان من چیست؟

حوا لبخندی زد و گفت: سیگار را فراموش کن.

کیومرث همچنان که آهسته در را می‌بست، گفت: استراحت کن. فردا با هم حرف می‌زنیم.

یک شب خواب دیدم که در باغ سرسبز زیبائی در حال قدم زدن هستم. مردم زیادی به این باغ می‌آمدند و زیر درختان غذا می‌خوردند و بعد از اندک زمانی از دیوار شکسته ته باغ بیرون می‌رفتند. من که کنجکاو شده بودم که چرا این باغ اینقدر شلوغ است از کسی پرسیدم چرا این باغ پر از آدم است؟

و آن مرد یا زن، درست یادم نمی‌آید، به من گفت: آه. اینجا باغ آرزوست. هرکس که به آرزویش می‌رسد از آن دیوار شکسته بیرون می‌رود. یادم می‌آید که من همچنان در باغ قدم می‌زدم و به آمدن و بیرون رفتن آدم‌ها نگاه می‌کردم، ولی یادم نیامد که آرزویم چه بود که البته با صدای گریه‌ی دخترم نزدیکی‌های چهار صبح از خواب پریدم.

من در آن زمان زنی بیست و سه ساله بودم و در شهر کوچکی با همسر و دختر دوساله‌ام زندگی می‌کردم. شیشه شیر را در دهان دخترم گذاشتم و به خوابی که دیده بودم فکر کردم. یک یک آرزوهایم جلوی چشمم آمدند. و ناگهان متوجه شدم که من چقدر

آرزو دارم.

دلم می‌خواست از آن شهر بروم و در تهران زندگی کنم.

دلم می‌خواست دانشگاه بروم.

..... از شوهرم جدا شوم و با مردی که دوستش دارم بدون ازدواج زندگی کنم.

.... زبان روسی یاد بگیرم.

.... بروم خارج از کشور و دنیای غیر ایرانی را بشناسم.

.... بچه‌ام خواهر و برادر نداشته باشد و یکی یک دانه باشد.

.... سر کار بروم و دستم به جیب خودم باشد.

.... جرأت داشته باشم که به راحتی جلوی پدرم سیگار بکشم.

.... دوست پسری داشته باشم که روز تولد مرا بخاطر داشته باشد و برایم هدیه بخرد.

...... با مردی زندگی کنم که مادر و خواهر نداشته باشد.

دلم می‌خواست صدایم شنیده شود.

دلم می‌خواست............

امروز که این داستان را بر اساس رویای آن روز می‌نویسم، بیست سال گذشته است و من وقتی به لیست رویاهای بیست و سه سالگی‌ام نگاه کردم متوجه شدم که من به تمام آن آرزوها رسیده‌ام و آرزوهای امروز من چیزهای دیگری هستند.

باغ آرزو

تارا موهای پرپشت خرمائی رنگش را از روی صورت لاغر و مهتابیش کنار زد و با دو چوب غذاخوری مخصوص چینی‌ها آنها را پشت سرش جمع کرد، سپس انگشتان ظریف و کشیده‌اش را لای چین‌های ریز دامنش لغزاند و به طرف رزهای قرمز و صورتی پشت پنجره رفت. با دیدن خاک خشک گلدان‌ها تشنگی آنها را در گلویش حس کرد. سریع یک بطری آب سرد پای رزها ریخت. عطر ملایمی از غنچه‌ها برخاست و او لبخندزنان به باغ سرسبز پشت شیشه نگریست. ابرهای نازک پر مانند در آبی آسمان بالای سپیدارهای بلند پخش شده بودند. بوی چمن و خاک خیس از درزهای پنجره عبور کرده، ذهن او را از خاطره‌های خوب کودکی پر می‌کردند. آن زمان که توی کوچه‌باغ‌ها دنبال آب ول شده توی جوی‌ها می‌دوید. آواز پرسروصدای گنجشک‌ها و آن نورهای پخش شده بین شاخه‌ها و برگ‌ها او را بی‌اختیار به داخل باغ کشاندند.

نسیم لابلای درخت‌ها می‌پیچید و نفس خنکش را از پشت گردن تارا در پیراهن او می‌ریخت. تارا در جستجوی روح طراوت از شبنمی به شبنم دیگر که هر کدام رنگ‌های خورشید را چون الماسی در خود منعکس می‌کردند، می‌گردید. در این هنگام همهمه‌ی گنگی به گوشش رسید، حس کنجکاوی در رگ‌هایش دوید، به دنبال اکو سرش را بلند کرده دور خود چرخید. ناگاه، نگاهش به آن سوی مه‌آلود باغ خیره ماند. حرکت سایه‌هایی مبهم را حس کرد. گوئی آن زیبائی سبز و مرطوب، او را به دنیای جادوئی خود دعوت می‌کرد. به آن سوی باغ دوید.

خود را میان توری شفاف و بی‌رنگ یافت. پوست جوانش به جای آفتاب کم‌رنگ صبح، سردی نرم بخار را لمس کرد و شکوفه‌ی سیب بینی‌اش را از عطری ملایم آکند. مردمکانش که در تلاش شناخت سایه‌ها درشت‌تر شده بودند جمعیتی از زنان و مردان را تشخیص دادند. عده‌ای زیر درختان، سفره پهن کرده بودند و غذا می‌خوردند، بعضی به تنهائی قدم می‌زدند و گروهی هم در حال صحبت و گفتگو بودند. تارا پیش خودش فکر کرد: چرا اینجا اینقدر شلوغ است؟ این همه آدم چه کاری با این باغ دارند؟ سپس به چهره‌ی آنها دقیق شد، یکی لبخند به لب بود و دیگری سخت در فکر. یکی غمگین به نظر می‌آمد و دیگری رها و شاد. به هرحال چیزی به او می‌گفت که این آدم‌ها حال مردم سرگردان را ندارند و می‌دانند که چرا در این باغ هستند. به خودش گفت: از کسی خواهم پرسید. در این موقع چشمش به پیرزنی افتاد با دو موی بافته خاکستری، آراسته به مهره‌های آبی لاجوردی. او زیر لب آوازی یا که وردی را زمزمه می‌کرد و سرش در شانه‌های گرد و گوشتی‌اش فرو رفته بود. تارا به طرف او رفت و گفت: می‌بخشین! میشه به من

بگین اینجا چه خبر است؟

پیرزن با چشمان ریز خاکستری‌اش نیم نگاهی تیز به او انداخت و بدون قطع زمزمه‌اش، دستش را از جیب‌های بزرگ کتش درآورد و به بینی‌اش نزدیک کرد. تارا نگاهی به سنگ‌های درشت انگشترهای او انداخت و بوی اقاقیا را تشخیص داد. این بو او را به ده سالگی‌اش وصل می‌کرد. هر وقت که امتحان حساب داشت، مادربزرگش یک گل اقاقیا در جیب او می‌انداخت و می‌گفت: این برات شانس میاره، حتمن امتحانتو خوب می‌دی.

پیرزن یک گل اقاقیا به او داد و بی هیچ کلامی دور شد.

تارا راه رفتن آرام و سنگین او را با نگاهش دنبال کرد، تا آنجا که هیئت او در مه غلیظ، محو شد، سپس گل اقاقیا را در جیب دامنش گذاشت. به اطرافش نگریست. دایره‌ی درختان پرشکوفه سیب را دید و کمی آن طرف‌تر، درختان تنومند چنار و بید. نمی‌دانست کدام دایره را دور بزند که در این موقع صدای ریزش آب بر سنگ‌های خرد شده به گوشش رسید. آن را دنبال کرد و از میان سیب‌ها گذشت. به جوی آب زلالی رسید و کمی بالاتر آبشار نه چندان بزرگی را دید که از زیر سنگ‌های درشت صخره‌ای بلند می‌جوشید و به جوی می‌ریخت. به درختی تکیه داد و دستش را در آب جوی فرو کرد. لذت سرد آن را در جرعه‌ای نوشید، سپس نگاهش به سنگ‌های کوچک حکاکی شده و آینه‌های ریز برش خورده‌ی ته جوی افتاد. همچنان که میخکوب آنها شده بود وزوز زنبورها و سنجاقک‌هائی که روی پونه‌ها و علف‌های خودروی کنار جوی می‌پریدند او را متوجه حضور خود کردند. دستش را برد که یکی از آینه‌های کوچک را بردارد، ولی در همین موقع صدای

خش خشی از درخت بالای سرش توجه او را جلب کرد. سرش را بلند کرد و چشمش به جوان لاغراندامی با موهای مجعد افتاد که سخت متمرکز بستن یک تکه پارچه به شاخه‌ی درخت بود. دستش را از آب بیرون آورد و با صدای بلند و محکم به جوان گفت: شما آن بالا چه کار می‌کنید؟

جوان چشمان درشت قهوه‌ایش را به سوی او چرخاند و داد زد: همان کاری را که شما آن پایین دارید می‌کنید.

تارا گفت: من کار خاصی نمی‌کنم. منظورت چیست؟

جوان با نگاهی متعجب همانطور که که گره‌اش را سفت می‌کرد گفت: پس برای چی توی این باغ هستین؟

تارا گفت: اتفاقن این سوال من بود که اینجا چه خبر است؟

جوان خنده‌ای کرد و گفت: یعنی شما نمی‌دونین که اینجا باغ آرزوست؟ مردم آرزوهایشان را اینجا می‌آورند و هر وقت که برآورده شد از آن طرف که دیوار شکسته کوتاهی دارد بیرون می‌روند و با دست به انتهای باغ اشاره کرد.

لبخندی به صورت تارا نشست و پیش خود اندیشید که باید حدس می‌زدم. آه کوتاهی کشید و پس از چند لحظه پرسید: چرا به درخت پارچه می‌بندی؟

جوان با جدیت و حرارتی که از باور قلبی او برمی‌خاست گفت: این تکه پارچه بخشی از لباسم است که بریده‌ام برای اینکه هر بار که نسیم از لابلای برگ‌های این درخت می‌گذرد، این تکه پارچه آرزوی مرا به روح باغ یاداوری کند.

تارا با حالتی که هوش او را تحسین می‌کرد گفت: آ..... حالا آرزویت چیست؟

جوان با لحنی قاطع ولی دوستانه گفت: اگر بگویم از قدرت آن کم می‌شود.

تارا ساکت شد. سرش را به طرف جوی برگرداند و نگاهش به ماهی قهوه‌ای کوچکی افتاد که به سرعت خود را زیر سنگ‌ها پنهان کرد. در این هنگام موسیقی بسیار زیبائی تمام وجود تارا را در بر گرفت. انگار چیزی گمشده از اعماق روحش او را صدا می‌زد، نوک پستان‌هایش برآمده و هوشیار شدند. حس کرد با نواختن هر نت پیله‌ای شکسته می‌شود و پروانه‌ای اولین بال زدن خود را تمرین می‌کند. حس کرد می‌تواند رنگ هر نت را ببیند و وسعت ارتعاش آنها را با سلول‌هایش درک کند. تارا سرش را بالا کرد و از جوان پرسید: این صدای موسیقی را می‌شنوی؟

جوان رویش را به او کرد و گفت: من جز صدای آرزوی خودم چیزی نمی‌شنوم.

تارا همچنان که مست آوای برخاسته از درونش بود به طرف چنارهای سبز و بلند رفت، بین آنها چرخید، شاید هم رقصید و پیش خود اندیشید؛ من چه آرزوئی دارم؟ ولی هیچ چیز به ذهنش نیامد. برگ‌های سبز را بوئید و کفش‌هایش را درآورد تا که پاهایش خیسی چمن و انرژی زمین را حس کنند. مسافتی را طی کرد و نوای موسیقی آرام آرام کم شد. در این موقع یک دختر بچه‌ی چشم بادامی را دید. خرس عروسکی‌اش در کنار او نشسته بود و با چشمان سیاه دکمه‌ایش به حفر زمین با انگشتان باریک و کوچک کودک می‌نگریست. تارا به او نزدیک شد و با لبخند گفت: این

گل آفتابگردان داره چی کار می‌کنه؟

کودک صورت خورشیدیش را به سوی او چرخاند و با خوشحالی گفت: شوکولات نایگیلی می‌کایم تا دی‌اخت بشه. یه عالمه شوکولات بده.

تارا پرسید: یه عالمه شکلاتو برای چی می‌خوای؟

کودک که همچنان به خود تاب می‌داد گفت: چن تاش بی ای خودم چن تاش بی ای دنی، (اشاره به خرس عروسکی‌اش کرد) بقیه‌اش بی ای مامانم و دوستام.

تارا خندید و گفت: فکر می‌کنی درخت شکلاتت کی در بیاد؟

کودک با ناز سرش را پایین انداخت و همانطور که با انگشتش سوراخ زمین را گشادتر می‌کرد زبان سرخش را درآورد و گفت: باید از دنی بپوسم.

تارا بوسه‌ای را بسوی دخترک فوت کرد. موجی ملایم بین موهای درهم و آشفته کودک حرکت کرد. کودک در خوشی غلغلک‌واری دنی را در آغوش گرفت و زیر گوشش چیزی را پچ پچ کرد.

تارا دور شد و به یاد آورد که او هم وقتی چهار ساله بود یک عروسک مو طلائی داشت که اسمش را آفرین گذاشته بود و تا چهارده سالگی او را در کنار خود می‌خواباند و بعد از آنکه دوستان و خانواده شروع به مسخره کردن او کردند که با این سنش هنوز عروسک‌بازی می‌کند، یک روز آفرین را به دختر بچه‌ای بخشید. اگرچه آفرین همیشه در جائی از قلب او زندگی می‌کرد و هنوز هم

به فکرهای او گوش می‌داد و گاهی با او حرف می‌زد.

تارا از میان موهای آویخته درختان بید رد شد و در آن فضای خاکستری زن و مردی را دید که روبه روی هم نشسته‌اند. زن لباس سراسر سیاهی به تن داشت و موهایش را با ظرافت خاصی در حریر مشکی پیچیده بود و مرد شلوار و پیراهن گشاد سفیدی به تن داشت و به سرش دستار سفیدی بسته بود. تارا به آنها نزدیک شد و متوجه سنگ‌ها و آئینه‌های کوچکی شد که با نظم خاصی روی زمین چیده شده بودند.

زن با چشمان سرمه کشیده که چین‌های ریزی اطراف آن را پر کرده بودند نگاه عمیقی به او انداخت. تارا حس کرد که آن چشم‌ها عشق و درد را می‌شناسند و آن لبها طعم بوسه‌های بسیاری را در خود چشیده‌اند، اگرچه نرمی دوشیزگی هنوز در آن زنده بود.

در این میان پیازهای گلی که در دست مرد بود به میان دامن پیراهنش ریخته شد.

مرد گفت: ما در مراسم مرگ آرزو هستیم. همسرم به یاد هر کدام آنها سنگی می‌چیند.

زن سیاهپوش در ادامه‌ی حرف‌های مرد گفت: برای هر سنگ همسرم یک پیاز گل خواهد کاشت و من برای آخرین بار آنها را آبیاری خواهم کرد.

تارا لبخند تلخی زد و گفت: با این آینه‌های خرد چه می‌کنید؟

مرد آینه‌ها را در گوشه‌ی دستارش پیچید و گفت: اینها را توی آب مقدس می‌اندازیم و با دست اشاره به جوئی کرد که تارا از آن نوشیده بود.

زن در تائید مردش گفت: بعد از ریختن آینه‌ها در آب ما دیگر غم آرزوهای بی‌سرانجام را نخواهیم داشت. سینه‌مان پاک و بی‌انتظار خواهد شد.

تارا که از سنت آنها به هیجان آمده بود گفت: یعنی دیگر هیچ‌وقت آرزوئی نخواهید داشت؟

مرد دستی به ریش بلند بورش کشید و با نیم‌لبخندی گفت: تا امید هست آرزو هم هست.

زن سیاه‌پوش ادامه داد: یعنی ما آنچه را که مربوط به دیروز بوده به آب می‌دهیم و تاسفی از نداشتن آنها نمی‌خوریم. امروز روز دیگری است.

تارا به فکر فرو رفت و احساس کرد که باید آنها را تنها بگذارد، خود را آماده رفتن نشان داد و زن یکی از پولک‌های سیاه درشت و براق حریر دور سرش را کند و به او داد.

تارا با خوشحالی آن را چون جواهری گران‌قیمت با احتیاط تمام کف دستش جای داد. ناگاه دلش خواست به طرف دیوار شکسته‌ی ته باغ برود. به آن سو گام زد. بین راه یک دسته زن و مرد را دید که دایره‌وار نشسته و دست یکدیگر را گرفته‌اند. آنها با چشمان بسته آوازی را زیر لب زمزمه می‌کردند. تارا نزدیک آنها ایستاد. کلمه‌ی صلح را تشخیص داد. به چهره‌ی آنها با دقت نگریست و متوجه شد که رنگ پوست هر کدام با دیگری متفاوت است. بعد از چند دقیقه‌ای افراد دیگری به آنها متوسل شدند. تارا از یکی از مردانی که می‌خواست وارد حلقه شود پرسید: آرزوی همه‌ی شما

یکی است؟

مرد میانسال گفت: ما از نژادها و دین‌های مختلفی هستیم، ولی برای آرزوی مشترکمان در این باغ به هم می‌پیوندیم.

تارا که نمی‌دانست می‌تواند آرزوی او را بپرسد یا نه با تردید گفت: می‌توانم بدانم آرزوی شما چیست؟

مرد با لبخند گفت: حتمن. ما آرزوی صلح در زمین را داریم. و هرچه آدم‌های بیشتری به ما بپیوندند قدرت آرزوی ما بیشتر خواهد شد.

تارا گفت: چرا بیشتر خواهد شد؟

مرد گفت: خواسته ما به آنهائی هم که خارج از این حلقه هستند ولی همین آرزو را دارند، خواهد پیوست و ما آن را به روح باغ اعلام می‌کنیم. مرد وارد حلقه شد و شروع به خواندن ذکر کرد.

تارا نیز وارد حلقه شد و دستش را به مردان و زنان دیگر داد. با آنها نفس کشید و برای برقراری صلح و دوستی بین آدم‌های زمین با آنها آواز خواند. روح باغ را قسم داد و از او خواست که آرزوی قلبی‌اش را برآورده کند. سپس از آنها جدا شد و به طرف دیوار شکسته رفت. کمی به خارج شدن آدم‌ها از باغ نگریست. با خنده بعضی از آنها خندید و با گریه بعضی از آنها گریست. انتظاری نامعلوم، هماهنگ با نبض باغ در وجود او می‌تپید. دلش خواست که باز هم در باغ بماند، ولی از دیوار شکسته عبور کرده بود.

❋

تارا همچنان که آوازی را زیر لب زمزمه می‌کرد باقی گلدان‌های پشت پنجره را آب داد و به برش‌های نازک نور روی برگ‌های رز خیره شد. لبخندی به تصوراتش زد و دستش را داخل جیب دامنش برد. بوی اقاقیا بینی‌اش را پر کرد و یک پولک مشکی به انگشتش چسبید.

درباره نویسنده

شیوا شکوری متولد سال ۱۳۴۳ هجری شمسی در شهر تهران است. وی دوران کودکی و نوجوانی خود را در شهر شاهرود گذرانده است.

وی از سال ۱۳۶۸ در رشته «علوم کتابداری و اطلاع رسانی» در دانشگاه الزهرا به تحصیل پرداخت و همزمان در رشته «زبان روسی» در دانشگاه آزاد تهران نیز تحصیل کرده است.

پس از پایان تحصیلات دانشگاهی به مدت دو سال دوره های آموزشی «روانشناسی یونگ» را تحصیل کرده است که تاثیر بسیاری بر فعالیتهای ادبی و هنری وی میگذارد.

شیوا شکوری در سال ۲۰۰۱ میلادی به بریتانیا مهاجرت کرده و به تحصیل در رشته «درمان‌های تکمیلی» پرداخته است و از سال ۲۰۱۱ میلادی به تحصیلات تکمیلی در رشته «شفا» ادامه داده است.

فعالیتهای ادبی شامل نگارش شعر و داستان و تجربه در وادی نویسندگی از روزمره گی‌های شیوا شکوری است.

مجموعه داستان «قصه‌های شب» نخستین کتاب شیوا شکوری است که متاثر از آموخته های وی در دوره های آموزشی روانشناسی یونگ می‌باشد.

Night Tales
© Shiva Shakoori 2012

Shiva Shakoori is hereby identified as author of this work in accordance with Section 77 of the Copyright, Design and Patents Act 1988

Cover: Kourosh Beigpour
Layout: Fatemeh Farahani

ISBN: 978-1780831718

All rights reserved. No part of this publication may be reproduced, stored in a retrieval system, or transmitted, in any form or by any means, electronic, mechanical, photocopying, recording or otherwise, without the prior permission of the pulishers.

This book is sold subject to the condition that it shall not, by way or trade or otherwise, be lent, resold, hired out or otherwise circulated without the publisher's prior consent in any form of binding or cover other than that in which it is published and without a similar condition including his condition being imposed on the subsequent purchaser.

H&S Media Ltd
UK, 2012
info@handsmedia.com

MW01323494

Night Tales

Short Stories

Shiva Shakoori

H&S

2012